»ALEXANDER VON HUMBOLDT IST DER WAHRE ENTDECKER AMERIKAS.«

SIMÓN BOLÍVAR

»ICH HABE NIEMANDEN GEKANNT, DER MIT EINER SO BESTIMMT GERICHTETEN TÄTIGKEIT EINE SOLCHE VIELSEITIGKEIT DES GEISTES VERBÄNDE.«

JOHANN WOLFGANG VON GOETHE

INHALT

»WISSEN UND ERKENNEN SIND DIE FREUDE UND DIE BERECHTIGUNG DER MENSCHHEIT«

NATUR UND MENSCH

59

»MEINE HOFFNUNGEN SIND SCHWACH«

DEUTSCHE UND EUROPÄISCHE ZUSTÄNDE

73

»ES IST EIN TREIBEN IN MIR ...«
SELBSTAUSKÜNFTE

Bis zum Alter von 16 Jahren hatte ich **WENIG LUST, MICH MIT DEN WISSENSCHAFTEN ZU BEFASSEN,** und wollte Soldat werden. Meine Eltern missbilligten diese Neigung; ich musste mich dem Finanzwesen widmen und habe nie in meinem Leben Gelegenheit gehabt, einen Kurs in Botanik oder Chemie zu absolvieren; nahezu **ALLE WISSENSCHAFTEN,** mit denen ich mich in der Gegenwart beschäftige, **HABE ICH MIR SELBST** und sehr spät angeeignet.   AUS MEINEM LEBEN

•

Meine Philosophie ist wie ein Kind, das noch immer am Gängelband geführt werden muss. Einem anderen nachkriechen habe ich wohl gelernt [...], aber **MICH SELBST ZU LEITEN,** dem anderen zu sagen, ob er auf keinem Abwege wandle, damit sieht es noch misslich aus.   AN WILHELM GABRIEL WEGENER, 12. JULI 1788

•

Vor einem Freunde **SICH SEINER SCHWÄCHE SCHÄMEN,** ist ebenso töricht, als schädlich es ist, seine Schwächen vor sich selbst zu verbergen.   AN WILHELM GABRIEL WEGENER, 12. JULI 1788

•

Ich hasse in den Tod die Menschen, **DIE IMMER ABWÄGEN UND ABMESSEN,** ob es wohl zuträglich sei, diesen oder jenen ihrer Freundschaft zu würdigen. Klug handeln sie aller- dings, aber diese Klugheit selbst halte ich für ein Zeichen von Gefühllosigkeit. AN WILHELM GABRIEL WEGENER, 24. FEBRUAR 1789

•

Lange genug gewohnt, **WIE EIN KIND AM GÄNGEL- BANDE** geführt zu werden, harrt der Mensch, die gebun- denen Kräfte nach eigener Willkür in Tätigkeit zu setzen und, sich selbst überlassen, **DER EIGENE SCHÖPFER SEINES GLÜCKS ODER UNGLÜCKS** zu werden. AN WILHELM GABRIEL WEGENER, 27. MÄRZ 1789

•

Wo **GEWISSHEIT** nicht zu erlangen ist, muss man **WAHR- SCHEINLICHKEIT** und Beruhigung suchen. AN ERNST GOTT- FRIED FISCHER, 11. AUGUST 1789

•

Ich liebe nicht solche **VERKETTUNG DER WELTBEGE- BENHEITEN,** in der der Verstand nichts erkennt, durch die der Mensch hinweggerissen, sich als des Schicksals Sklave fühlt. AN WILHELM GABRIEL WEGENER, 16./17. AUGUST 1789

•

Weil ich so manchen Menschen gefalle, **DIE MICH ANDERS SEHEN, ALS ICH BIN,** so fürchte ich fast, denen zu miss- fallen, gegen die Verstellung mir weniger möglich als gegen mich selbst ist. AN GEORG FORSTER, 11. NOVEMBER 1789

•

ALLGEMEINE URTEILE über Geistlichkeit, Miliz pp. sind eben so töricht, als allgemeine Urteile über ganze Nationen. AN WILHELM GABRIEL WEGENER, 15. JUNI 1790

•

ICH WAR DURCH DEN UMGANG MIT HOCH-BEGABTEN MÄNNERN FRÜH ZU DER EIN-SICHT GELANGT, DASS OHNE DEN ERNSTEN HANG NACH DER **KENNTNIS DES EIN-ZELNEN** ALLE GROßE UND ALLGEMEINE WELTANSCHAUUNG NUR EIN LUFTGEBILDE SEIN KÖNNE.

KOSMOS, BAND 1

»ES IST EIN TREIBEN IN MIR …«

Es ist **EIN TREIBEN IN MIR**, dass ich oft denke, ich verliere mein bisschen Verstand. AN WILHELM GABRIEL WEGENER, 27. SEPTEMBER 1790

•

Zudringlichkeit zu Männern, **DIE ICH HOCHSCHÄTZE**, ist einer meiner Hauptfehler. AN DIETRICH LUDWIG GUSTAV KARSTEN, 7. SEPTEMBER 1790

•

Unser Aufenthalt in Holland, Spaziergänge, die ich längs der grünen buschigen Dünen am Haager Meeresstrande gemacht, der Anblick der Amsterdamer Schiffswerften [...] **FÜLLTEN MEINE WARME PHANTASIE MIT ERSEHNTEN GESTALTEN FERNER DINGE**. In einem jungen Gemüt, das 18 Jahre lang im väterlichen Hause gemisshandelt und in einer **DÜRFTIGEN SANDNATUR** eingezwängt worden ist, glimmt und glüht es wunderbar auf, wenn es seiner eigenen Freiheit überlassen auf einmal eine Welt von Dingen in sich aufnimmt. AUS MEINEM LEBEN

•

Voller Unruhe und Erregung, **FREUE ICH MICH NIE ÜBER DAS ERREICHTE**, und ich bin nur glücklich, wenn ich etwas Neues unternehme, **UND ZWAR DREI SACHEN MIT EINEM MAL**. In dieser Gemütsverfassung moralischer Unruhe, Folge eines Nomadenlebens, muss man die Hauptursachen der großen Unvollkommenheit meiner Werke suchen. Ich bin viel nützlicher durch die Sachen und Fakten geworden, von denen ich berichtet habe, durch die Ideen, die ich bei anderen habe entstehen lassen, als durch die Werke, die ich selbst publiziert habe. AUS MEINEM LEBEN

•

Ich fühlte mich eingeengt, engbrüstig. Ein **UNBESTIMMTES STREBEN NACH DEM FERNEN UND UNGEWISSEN**, alles, was meine Phantasie stark rührte, die Gefahr des Meeres, der Wunsch, Abenteuer zu bestehen und aus einer alltäglichen gemeinen Natur mich **IN EINE WUNDERWELT ZU VERSETZEN**, reizten mich damals an.   AUS MEINEM LEBEN

●

Es gibt derer, welche **MEHR AUF GLAUBEN WIE AUF ÜBERZEUGUNG**, auf Autorität mehr wie auf eigenes Nachdenken bauen, so viele, und darin liegt der Grund einer Wahrheit, deucht mir, die so oft verkannt wird, dass die großen Charaktere allgemein **BEWUNDERTER UND GEFEIERTER MENSCHEN** durch ihre Schwachheiten oft mehr Böses für die Nachwelt stiften, als ihre Tugenden Segen und Wohltat verbreiten.   AN SAMUEL THOMAS VON SOEMMERRING, 28. JANUAR 1791

●

Das **WICHTIGSTE GUT** eines Gelehrten, die Zeit.   AN JOACHIM HEINRICH CAMPE, 5. APRIL 1791

●

Der König hat mich zum Oberbergrat gemacht, mit der Erlaubnis, ihm in seinen Provinzen zu dienen oder durch **WISSENSCHAFTLICHE REISEN** nützlich zu werden. Dadurch ist mir freilich eine unabhängige Existenz geschenkt, aber sie fängt, **WIE OFT FREIHEIT AUS ZWANG ENTSTEHT**, mit Zwang an.   AN JOHANN WOLFGANG VON GOETHE, 21. MAI 1795

●

Ein **VERHEIRATETER** Mensch [ist] immer ein **VERLORENER** Mensch.   AN JOHANN CARL FREIESLEBEN, 21. OKTOBER 1793

●

JE MEHR **MAN SELBST** DIE SITTLICHEN HANDLUNGEN ANDERER RICHTET, DESTO STRENGER MUSS MAN SELBST **DIE GESETZE DER SITTLICHKEIT** BEFOLGEN.

AN FRIEDRICH VON SCHUCKMANN, OKTOBER 1796

Jeder Mensch ist **EIN PRODUKT SEINER ELTERN UND DER ZEIT.** Menschen verderben den Menschen. AN JOHANN CARL FREIESLEBEN, 2. OKTOBER 1796

•

Ich war 8 Tage lang bei Goethe in Weimar und dort **DURCH DAS HOFWESEN SO ZERSTREUT,** dass ich vergebens auf Muße wartete. AN JOHANNES FISCHER, 27. APRIL 1797

•

Unordnung im Schreiben ist **EIN ERBFEHLER,** den ich immer bereue, um ihn von neuem zu begehen. AN JOHANN CARL FREIESLEBEN, 14. OKTOBER 1797

•

Nun habe ich mich [...] bis auf den heutigen Tag nie entschließen können, einen Sekretär zu nehmen. Es kommt dadurch etwas Steifes, Geschäftsmäßiges in die Korrespondenz, während man **DURCH EIN PAAR EINFACHE SELBSTGESCHRIEBENE WORTE** so oft erfreuen kann und zugleich den **GEGENSTAND NICHT SELTEN RASCHER ERLEDIGT.** Erinnern Sie sich nur, wie langweilig Goethes Briefe werden, nachdem er einen Sekretär genommen hatte. GESPRÄCHE ALEXANDER VON HUMBOLDTS

•

Ich weiß wohl, dass ich meinem großen Werke über die Natur, nicht gewachsen bin, aber dieses ewige Treiben in mir (als wären es 10 000 Säue) wird nur durch die **STETE RICHTUNG NACH ETWAS GROßEM UND BLEIBENDEM** erhalten. AN DAVID FRIEDLÄNDER, 11. APRIL 1799

•

Ich bin nicht geschaffen, um **FAMILIENVATER** zu sein. GESPRÄCHE ALEXANDER VON HUMBOLDTS

•

Der Mensch muss **DAS GROSSE UND GUTE** wollen. Das Übrige hängt vom **SCHICKSAL** ab. AN CARL LUDWIG WILL-DENOW, 20. APRIL 1799

•

Ideen können nur nützen, wenn sie **IN VIELEN KÖPFEN LEBENDIG** werden. AN LUDWIG BOLLMANN, 15. OKTOBER 1799

•

Der Mensch ist **ZUM ERKENNEN** geboren. AN PHILIPP BARON VON FORELL, 3. FEBRUAR 1800

•

In allen Himmelsstrichen ist **UNDULDSAMKEIT DIE GEFÄHRTIN DER LEICHTGLÄUBIGKEIT,** und man könnte meinen, die Hirngespinste der alten Erdbeschreiber seien aus der einen Halbkugel in die andere gewandert, wenn man nicht wüsste, dass die **SELTSAMSTEN AUSGEBURTEN DER PHANTASIE,** gerade wie die Naturbildungen, überall in Aussehen und Gestaltung eine gewisse Ähnlichkeit zeigen. REISETAGEBÜCHER

•

Zwang, als **HAUPTSÄCHLICHES UND EINZIGES MITTEL ZUR SITTUNG,** erscheint [...] als ein Grundsatz, der bei der Erziehung der Völker und bei der Erziehung der Jugend gleich falsch ist. REISETAGEBÜCHER

•

Ein Menschenleben, begonnen wie das meinige, **IST ZUM HANDELN BESTIMMT,** und sollte ich unterliegen, so wissen die, welche meinem Herzen so nahe sind als Du, dass ich mich nicht gemeinen Zwecken aufopfere. AN CARL LUDWIG WILLDENOW, 21. FEBRUAR 1801

•

Unser Verstand ist wie das Wasser, **DAS AN TIEFE VER-LIERT,** während es sich **IN EINEM GEBIET** ausbreitet. AN JOSÉ CELESTINO MUTIS, 10. NOVEMBER 1801

•

ICH KENN KEIN WORT DER RUSSISCHEN SPRACHE, ABER ICH **WERDE MICH ZUM RUSSEN** MACHEN, WIE ICH MICH **ZUM SPANIER GEMACHT HABE**; ALLES, WAS ICH UNTERNEHME, FÜHRE ICH MIT BEGEISTERUNG AUS.

AN ALEXANDER VON RENNENKAMPFF, 7. JANUAR 1812

Glücklich der Mensch, **DER SICH SEINER GRENZEN BEWUSST WIRD** und nicht Wolken für den Horizont hält, den er sucht. In dieser Erkenntnis besteht unsere ganze Philosophie. REISETAGEBÜCHER

•

Ich habe [...] viele Motive, um mit diesem Land [Frankreich] verbunden zu sein, das ich **ALS MEIN ZWEITES VATERLAND** betrachten muss! AN JOSEPH MARIE DEGÉRANDO, 2. DEZEMBER 1804

•

Mein hiesiges Leben ist **SO ARBEITSAM ALS FREUDEN-LEER**, seitdem ich auf europäischem Boden zurück bin; ich habe mehr begonnen, als ich fast zu leisten im Stand bin. AN MICHAEL FRIEDLÄNDER, 16. FEBRUAR 1805

•

Ich führe hier **EIN ABSCHEULICHES LEBEN**; die Stimmung der Menschen, d.h. **IHRE EMPÖRENDE OBER-FLÄCHLICHKEIT** ist ärger als die Pflanzenöde und der blecherne graue Himmel. Dazu, da niemand arbeitet, geht alles auf Störungen hinaus, die auch nicht einmal einen vorübergehenden Genuss gewähren. AN JOHANN WOLFGANG VON GOETHE, 6. FEBRUAR 1806

•

Natur und Kunst sind in meinem Werke **ENG VERSCHWIS-TERT**. Möchten Sie mit der Bearbeitung nicht ganz unzufrieden sein, möchten Sie in einzelnen Ansichten sich selbst, **EINFLUSS IHRER SCHRIFTEN AUF MICH**, Einfluss Ihrer herrschenden Nähe erkennen. AN JOHANN WOLFGANG VON GOETHE, 3. JANUAR 1810

•

Ich hasse [...] das Schreiben in polit[ischen] Blättern und habe es immer nur hier und in Frankreich getan, wenn ich es **FÜR NOTWENDIG** hielt. GESPRÄCHE ALEXANDER VON HUMBOLDTS

•

Ich habe den Grundsatz, dass, **WENN MAN AUF ANDERE WIRKEN SOLL**, man immer tun muss, als zweifle man nicht an dem guten Willen der Mitwirkenden. AN FRIEDRICH WILHELM BESSEL, 12. DEZEMBER 1828

Dass der Mensch, und ein so uralter wie ich, noch einige **FRISCHE UND SINNIGKEIT** erhält, liegt doch bloß an dem Zauber, zu dem uns in wenigen freien Stunden Phantasie und vertrauter Umgang mit den großen Hingeschiedenen öfter erheben kann. Ohne diese **REISE DURCH DIE WELT DER GEDANKEN UND EMPFINDUNGEN** wäre man längst in sich verödet. AN CAROLINE VON WOLZOGEN, 5. AUGUST 1837

Im Alter wird man faul und **FRAGT LIEBER**, als dass man selbst nachdenkt. AN HEINRICH WILHELM DOVE, 21. MAI 1843

Nicht bloß, dass ich keine Papiere, deren wichtige durch meine Hände gegangen, aufgehoben, ja mein Hass gegen **EIGENES AUFSAMMELN** ist so kindisch, dass ich stets alle Briefe (Schiller, Goethe, Wilhelm von Humboldt, Frau von Staël, Canning, Jefferson, Hardenberg mit inbegriffen) **LUSTIG VERBRANNT** habe, ja von mir selbst nicht aufzufinden weiß, in welchen Jahren ich irgendwo war, während ich alles mit Bleistift auf den Kordilleren vor 43 Jahren Geschriebene (Beobachtungen, ja naturhistorische Phantasien und Träumereien) **SORGFÄLTIG AUFGEHOBEN**, ja mit Registern versehen habe. AN GUSTAV SCHLESIER, 12. OKTOBER 1843

4/5 DES RUHMES sind Alter und Gewohnheit, immer den Namen zu hören. AN HEINRICH VON BÜLOW, 5. JANUAR 1845

ICH MUSS [...] NACH SANS-SOUCI AUF EINIGE TAGE, WO ICH LEIDER! MEINEN 75-JÄHRIGEN GEBURTSTAG ERLEBE. ICH SAGE BLOß LEIDER!, WEIL ICH 1789 GLAUBTE, **DIE WELT WÜRDE EINIGE FRAGEN MEHR GELÖST HABEN**. ICH HABE VIELES GESEHEN, ABER NACH MEINEN FORDERUNGEN DOCH NUR WENIG.

AN KARL AUGUST VARNHAGEN VON ENSE, 13. SEPTEMBER 1844

Der Frack ist **EIN KOSMOPOLITISCHER ANZUG**; ich kann in demselben ebensowohl einen anspruchsvollen, mächtigen Fürsten als einen bescheidenen, wissbegierigen Studenten empfangen. GESPRÄCHE ALEXANDER VON HUMBOLDTS

•

Seit 1789 bin ich **GEWISS ÜBER MEINE RICHTUNG**, und ich denke, das ist deutlich in allen meinen Schriften zu lesen. GESPRÄCHE ALEXANDER VON HUMBOLDTS

•

Ein Diner in der Wildnis meiner Häuslichkeit ist **EIN KOS-MISCHES EREIGNIS.** AN EMIL DU BOIS-REYMOND, 8. MAI 1851

•

Meine Gesundheit erhält sich wundervoll **DURCH ARBEIT-SAMKEIT**, die nächtliche, denn die tägliche ist durch den traurigen Andrang, den **DIE NÄHE EINES KÖNIGS** veranlasst, über alle Maßen getrübt. AN CARL FRIEDRICH GAUSS, 26. OKTOBER 1851

•

Die Sonne beleuchtet alle und lässt **IN VIELEN KÖPFEN** es gären. AN EMIL DU BOIS-REYMOND, 5. JULI 1852

•

Und in welchem Zustand verlasse ich die Welt, der ich 1789 erlebte und mitfühlte – aber Jahrhunderte sind Sekunden in **DEM GROSSEN ENTWICKLUNGS-PROZESSE DER FORTSCHREITENDEN MENSCHHEIT**. Die ansteigende Kurve hat aber kleine Einbiegungen, und es ist gar unbequem, sich in solchem Teile des Niedergangs zu befinden. AN KARL AUGUST VARNHAGEN VON ENSE, 13. MÄRZ 1853

•

Meine Meinung ist von jeher gewesen, dass **DIE WILDESTE REPUBLIK** den geistigen Fortschritten der Menschheit und dem Bewusstsein ihrer Ehrenrechte nicht so viel und so lang-dauernd schaden kann als le régime de mon oncle, le despo-tisme éclairé, dogmatique, mielleux, der, **WELCHER ALLE KÜNSTE DER ZIVILISATION ANWENDET**, um den Willen und die Laune eines Einzigen herrschen zu lassen. AN KARL
AUGUST VARNHAGEN VON ENSE, 5. FEBRUAR 1852

•

Könige kennen schon aus Bequemlichkeit **IN JEDER WIS-SENSCHAFT** immer nur einen Namen, den ersten! AN CARL
FRIEDRICH GAUß, 6. MÄRZ 1854

•

Was ich **AM MEISTEN FÜRCHTE**, ist der Ruf der Feigheit.
AN CARL FRIEDRICH GAUß, 6. MÄRZ 1854

•

Schiller schreibt an Körner, als ich in Jena ankam, »ich sei **UM VIELES GEISTREICHER UND BEGABTER** als mein Bruder«; später, in einer Zeit, als er mich täglich sah und mit Zärtlichkeit überhäufte, schrieb er an Körner: »ich sei **EIN BESCHRÄNKTER VERSTANDESMENSCH**, der trotz aller rastlosen Tätigkeit in meinem Fache nie etwas Großes leisten werde.« AN KARL AUGUST VARNHAGEN VON ENSE, 9. JULI 1854

•

Was man gleichzeitig hasst, hasst man darum **NICHT** aus glei-chen Motiven. AN KARL AUGUST VARNHAGEN VON ENSE, 10. JULI 1854

•

Ich möchte mir bald den so luftdichten Sarg wünschen, dass, wenn man etwa **ERWACHTE**, man bald **ERSTICKT WIRD**.
AN CHRISTIAN GOTTFRIED EHRENBERG, 1857

•

ERHEITERND BLEIBT MIR NUR [...] DIE GE-WISSHEIT [...], DASS DAS **WAHRE, GE-RECHTE UND FREIE**, SO OFT SIE AUCH GE-FÄHRDET SCHEINEN, DOCH ZULETZT DEN SIEG DAVONTRAGEN.

AN JOHANNES SCHULZE, 9. NOVEMBER 1854

Ich bin ja, während der letzten Jahre, selbst **EINE MISSLIE-BIGE PERSON** geworden; und würde längst als Revolutionär und Autor des gottlosen »Kosmos« ausgewiesen sein, verhinderte dies nicht **MEINE STELLUNG BEIM KÖNIGE**. Den Pietisten und Kreuzzeitungsmännern bin ich ein Greuel; nichts würde ihnen lieber sein, als dass ich schon unter der Erde vermoderte.   GESPRÄCHE ALEXANDER VON HUMBOLDTS

•

Ich bin, [...] wie jedermann weiß, ein Verfechter **DER FREIEN BEWEGUNG DES TALENTS UND DER GEISTESGABEN**, wo sie sich zeigen; ich bin ein Gegner von all den Vor- und Nachprüfungen, die die Staatsgewalt bei Leuten für notwendig erachtet, welche ihr oder der Gesellschaft überhaupt dienen sollen, **EINE EXAMENSSUCHT**, die sich wohl gar bis auf den Feldhüter und den Nachtwächter erstreckt – mindestens um, lächerlicher Weise, deren politische Gesinnung zu ergründen; ich bin also **NICHTS WENIGER ALS EIN FREUND DER BEVORMUNDUNG**, welche die Staatsgewalt sich in so entsetzlicher Ausdehnung über uns Menschenkinder anmaßt.   GESPRÄCHE ALEXANDER VON HUMBOLDTS

•

Wenn Sie von mir sprechen, liebe ich es am meisten, dass Sie **EINFACH HERR HUMBOLDT SAGEN**, höchstens Herr Alexander Humboldt. Das ist englischer, denn das »von«, oft wiederholt, klingt schlecht im Ohr.   AUS MEINEM LEBEN

•

Ich habe so lange gelebt, **DASS ICH FAST DEN MAßSTAB DER ZEIT VERLOREN HABE**. Ich gehöre dem Zeitalter der Jefferson und Gallatin an, und ich hörte von dem Tode Washingtons, während ich auf der Reise in Südamerika war.
GESPRÄCHE ALEXANDER VON HUMBOLDTS

•

Ich leide **ALS GREIS** wie von Mückenstichen, und dazu konsultiert mich noch von Zeit zu Zeit ein überchristlicher M. Foster (in Brüssel lebend), ob ich glaube, dass in der Erlösung mit einbegriffen seien die unteren Tierseelen, ob auch Wanzen und Mücken selig werden. Sie **BEDROHEN MICH** also auch dort oben, wo ich die mir vom Orinoko bekannten Tierseelen wieder finde, einen Lobgesang anstimmen. AN KARL AUGUST VARNHAGEN VON ENSE, 21. NOVEMBER 1856

•

Ein Geburtstag, den ich jedes Jahr im Kreise der Familie in Tegel mit einigen uns treuen Künstlern zubringe, ist für mich **EIN TRAURIGER TAG**; er lässt mich mit Reue rekapitulieren, wie ich so vieles, mit Mut unternommen, **NICHT VOLLENDET**, überall, besonders bei Ihnen, schmachvoll in tiefer Schuld geblieben bin. AN GEORG VON COTTA, 18. SEPTEMBER 1857

•

Leidend unter dem Drucke einer immer noch **ZUNEHMENDEN KORRESPONDENZ**, fast im Jahresmittel zwischen 1600 bis 2000 Nummern (Briefe, Druckschriften über ganz fremde Gegenstände, Manuskripte, deren Beurteilung gefordert wird, Auswanderungs- und Kolonialprojekte, Einsendungen von Modellen, Maschinen und Naturalien, Anfragen über Luftschifffahrt, Vermehrung autografischer Sammlungen, Anerbieten, mich häuslich zu pflegen, zu zerstreuen und zu erheitern u. s. w.), versuche ich einmal mehr die Personen, welche mir ihr Wohlwollen schenken, öffentlich aufzufordern, dahin zu wirken, dass man sich **WENIGER MIT MEINER PERSON** in beiden Continenten beschäftige und mein Haus nicht als ein Adress-Comptoir benutze, damit bei ohnedies abnehmenden physischen und geistigen Kräften mir einige Ruhe und Muße zu eigener Arbeit verbleibe. ANZEIGE HUMBOLDTS IN DEN »BERLINISCHEN NACHRICHTEN VON STAATS- UND GELEHRTEN SACHEN«, 20. MÄRZ 1859, SECHS WOCHEN VOR SEINEM TOD

»ICH HOFFE, ETWAS GROßES ZU VOLLENDEN«
EXPEDITION IN DIE NEUE WELT

Meine Reise ist unerschütterlich gewiss. **ICH PRÄPARIERE MICH NOCH EINIGE JAHRE** und sammle Instrumente, ein bis anderthalb Jahre bleibe ich in Italien, um mich mit Vulkanen genau bekannt zu machen, dann geht es über Paris nach England, wo ich leicht auch wieder eine Jahr bleiben könnte, und dann mit englischem Schiffe nach Wesindien.

AN CARL LUDWIG WILLDENOW, 20. DEZEMBER 1796

•

Werfen Sie einen Blick auf den Weltteil, den ich von Californien an bis zum Patagonenlande zu durchlaufen (messen und zerlegen) gedenke – **WELCH EIN GENUSS IN DIESER WUNDERBAR GROßEN UND NEUEN NATUR!** Ich werde Pflanzen und Tiere sammeln, die Wärme, die Elastizität, den magnet[ischen] und elektr[ischen] Gehalt der Atmosphäre untersuchen, sie zerlegen, geograph[ische] Längen und Breiten bestimmen, **BERGE MESSEN ...** AN DAVID FRIEDLÄNDER, 11. APRIL 1799

•

Nach zweimonatl[ichem] vergeblichen Harren in der Provence und nach Ausbruch des Krieges zwischen Frankreich und Algier begab ich mich nach Spanien. Hier wurde ich dem Könige empfohlen, und erhielt von diesem, was noch nie ein Fremder erhalten, **EMPFEHLUNGEN AN ALLE VIZE-KÖNIGE** und die Erlaubnis, mit allen meinen Instrumenten in die spanischen Besitzungen einzudringen. **DENKEN SIE SICH MEIN GLÜCK!** [...] Mehrere Jahre werde ich wohl ausbleiben, denn ich hoffe, etwas Großes zu vollenden. AN CHRISTIAN FRIEDRICH GOEDEKING, 3. JUNI 1799

•

Welch ein Glück ist mir eröffnet! Mir schwindelt der Kopf vor Freude. Ich gehe ab mit der spanischen Fregatte »Pizarro«. [...] **WELCHEN SCHATZ VON BEOBACHTUNGEN** werde ich nun [...] zu meinem Werke über die Konstruktion des Erdkörpers sammeln können! AN JOHANN CARL FREIESLEBEN, 4. JUNI 1799

•

Welche Farben der Vögel, der Fische, selbst der Krebse (himmelblau und gelb!). **WIE DIE NARREN** laufen wir bis jetzt umher; in den ersten drei Tagen können wir nichts bestimmen, da man immer wieder einen Gegenstand wegwirft, um einen anderen zu ergreifen. Bonpland [Arzt, Botaniker und Reisegefährte Humboldts] versichert, dass er von Sinnen kommen werde, **WENN DIE WUNDER NICHT BALD AUFHÖREN**.
AN WILHELM VON HUMBOLDT, 16. JULI 1799

•

Dieses Unternehmen ist für einen Privatmann etwas groß, aber **EINEM GROSSEN PLANE** unterliegen, ist nicht Schande.
AN LUDWIG BOLLMANN, 15. OKTOBER 1799

Ich wollte die Länder, die ich besuchte, **EINER ALLGEMEI-NEREN KENNTNIS ZUFÜHREN**; und ich wollte **TATSA-CHEN ZUR ERWEITERUNG EINER WISSENSCHAFT SAMMELN**, die noch kaum skizziert ist und ziemlich unbestimmt bald »Physik der Welt«, bald »Theorie der Erde«, bald »Physikalische Geographie« genannt wird. REISE IN DIE ÄQUI-NOKTIAL-GEGENDEN DES NEUEN KONTINENTS

•

Wir sind hier mit Tigern [Jaguaren] und Krokodilen umgeben, **DIE SICH GAR NICHT GENIEREN**, auch nicht ekel sind, und einen weißen so wie einen schwarzen Mann für einen gleich guten Bissen halten. AN FRANZ XAVER VON ZACH, 1. SEPTEMBER 1799

•

Ich fühle wohl, wie sehr ein Amerikareisender gegenüber denen im Nachteil ist, die Griechenland, Ägypten, die Ufer des Euphrat oder die Südseeinseln beschreiben. In der alten Welt sind es **DIE VÖLKER UND DIE ABSTUFUNGEN IHRER ZIVILISATION**, die dem Gemälde seinen Hauptcharakter geben; in der neuen hingegen verschwindet gleichsam der Mensch mit seinen Produkten **INMITTEN EINER WILDEN UND GIGANTISCHEN NATUR**. REISE IN DIE ÄQUINOKTIAL-GEGENDEN DES NEUEN KONTINENTS

•

Die **EUROPÄER** schleppen den Keim der Syphilis nach Amerika ein. Sie leben hier **NOCH VERDERBTER ALS ZU HAUSE** und sagen dann, es sei das Klima, das sie tötet. REISETAGEBÜCHER

•

IN DEN LÄNDERN DER NEUEN WELT WIE IM SCHOßE DER EUROPÄISCHEN KULTUR BESTIMMT SICH DAS ÖFFENTLICHE RECHT NACH DEM **VERHÄLTNIS ZWISCHEN DEM STARKEN UND DEM SCHWACHEN**, DEM EROBERER UND DEM UNTERWORFENEN.

REISETAGEBÜCHER

Auf unserem Weg zum Hafen von Orotava kamen wir durch die hübschen Dörfer Matanzas und Victoria. Diese beiden Namen findet man **IN ALLEN SPANISCHEN KOLONIEN** nebeneinander; sie machen einen widrigen Eindruck in einem Land, wo sonst alles Ruhe und Frieden atmet. Matanza bedeutet Schlachtbank, Blutbad, und schon das Wort deutet an, um welchen Preis der Sieg erkauft worden ist. REISETAGEBÜCHER

•

Die Europäer haben überall Pflaumen, Kirschen, Oliven, Äpfel gefunden. Die entfernteste **ÄHNLICHKEIT DER TROPENPFLANZEN MIT DEN GEWÄCHSEN DES VATERLANDES** haben sie aufgefasst. Der Däne sieht überall Birken, Tannen, Weiden und Eichen, der Spanier Oliven und Johannisbrot, jedem schwebt allgegenwärtig das Bild seiner Heimat vor. REISETAGEBÜCHER

•

Ich habe nun zwei Jahre lang vom Kapuziner an (denn ich war lange in ihren Missionen, unter den Chaimas-Indianern) bis zum Vizekönig **MIT ALLEN MENSCHENKLASSEN GENAU VERBUNDEN GELEBT**, ich bin der spanischen Sprache jetzt fast so gut wie meiner Muttersprache mächtig, und bei dieser genauen Kenntnis kann ich versichern, dass diese Nation trotz des Staats- und Pfaffenzwangs **MIT RIESENSCHRITTEN IHRER BILDUNG ENTGEGENGEHT**, dass ein großer Charakter sich in ihr entwickelt. AN CARL LUDWIG WILLDENOW, 21. FEBRUAR 1801

•

Die Selbstverwaltung der Gemeinden sollte ihrem Wesen nach eine der Hauptgrundlagen **DER FREIHEIT UND GLEICHHEIT DER BÜRGER SEIN**; aber in den spanischen Kolonien ist sie in eine Gemeindearistokratie ausgeartet. REISETAGEBÜCHER

•

Die Justiz ist eines der größten, wo nicht **DAS GRÖßTE ÜBEL DES SPANISCHEN AMERIKA**. Das Hauptunglück ist die Menge der Advokaten; da die Kreolen von allen anderen Ämtern ausgeschlossen sind, so strebt **DIE EITELKEIT SÄMTLICHER FAMILIEN** danach, in den Söhnen Advokaten und Doctores zu sehen. Daher Prozesssucht, Feilheit, Untreue und Sittenverderbnis. REISETAGEBÜCHER

•

Die Barbarei ist in allen Jahrhunderten dieselbe, wenn die Menschen ihren Leidenschaften den Zügel schießen lassen können, und die Regierungen eine den Gesetzen der Natur und somit **DEM WOHL DER GESELLSCHAFT ENTGEGENLAUFENDE ORDNUNG** der Dinge dulden. VERSUCH
ÜBER DEN POLITISCHEN ZUSTAND DES KÖNIGREICHS NEU-SPANIEN, BAND 1

•

Im 15. Jahrhundert holten fast alle Handelsvölker, besonders aber die Spanier und Portugiesen, **SKLAVEN** von den Kanarischen Inseln, wie man sie jetzt von der Küste von Guinea holt. Die **CHRISTLICHE RELIGION**, die in ihren Anfängen die menschliche Freiheit so mächtig förderte, musste der europäischen Habsucht als Vorwand dienen. REISETAGEBÜCHER

•

Man brachte um, was Widerstand zu leisten wagte, man **BRANNTE DIE HÜTTEN NIEDER**, zerstörte die Pflanzungen und schleppte Greise, Weiber und Kinder **ALS GEFANGENE FORT**. »Die Stimme des Evangeliums«, sagte ein Jesuit vom Orinoko in den Erbaulichen Briefen äußerst naiv, »wird nur da vernommen, wo die Indianer haben Pulver knallen hören. Sanftmut ist ein gar langsames Mittel. Durch Züchtigung erleichtert man sich die **BEKEHRUNG DER EINGEBORENEN**.« REISE IN DIE ÄQUINOKTIAL-GEGENDEN DES NEUEN KONTINENTS

•

ÜBERHAUPT IST, WAS DEN FLEISS BETRIFFT, DIE PROVINZ QUITO SO ETWAS WIE DIE SCHWEIZ ODER DAS HOLLAND AMERIKAS. ES GIBT **KEINE NICHTSTUER** AUSSER DEN WEISSEN.

REISETAGEBÜCHER

Geistreiche Schriftsteller haben vergeblich versucht, durch sprachliche Fiktionen **DIE BARBAREI DER SACHE** zu verschleiern, indem sie die Redensarten von den Negerbauern der Antillen, der schwarzen Hörigkeit und des patriarchalischen Schirmes erfanden: Die edlen Künste des Geistes und der Denkkraft werden nur entwürdigt, wenn man **DURCH TÄUSCHUNGEN UND GEWANDTE SOPHISMEN DIE AUSSCHREITUNGEN ENTSCHULDIGEN** will, die die Menschheit heimsuchen. REISETAGEBÜCHER

•

Da ich vier Jahre lang **IN DEN LÄNDERN DER SKLAVEREI IN BEIDEN AMERIKA** häufige Berührung mit der schwarzen Rasse hatte, bin ich sehr weit davon entfernt zu glauben, »dass der Neger wegen seiner stumpfen Geisteshaltung unfähig ist, sich über das bescheidenste Niveau zu erheben, von dem Augenblick an, wo er nachdenken und kombinieren muss.« AN ARTHUR DE GOBINEAU, 24. DEZEMBER 1854

•

Wie unwirtlich macht **EUROPÄISCHE GRAUSAMKEIT** die Welt! REISETAGEBÜCHER

•

Man stößt öfters auf Menschen, welche mit schönen philosophischen Redensarten im Munde doch **DIE ERSTEN GRUNDSÄTZE DER PHILOSOPHIE DURCH IHRE HANDLUNGEN VERLEUGNEN**, die mit dem Raynal in der Hand ihre Sklaven misshandeln und mit Enthusiasmus von der wichtigen Angelegenheit der Freiheit redend, die Kinder ihrer Neger einige Monate nach der Geburt verkaufen. AN WILHELM VON HUMBOLDT, 17. OKTOBER 1800

•

Die bürgerliche Behörde ist in allem, was die Sklaverei angeht, machtlos, und wenn man rühmt, wie günstig die **GESETZE WIRKTEN**, nach denen die Peitsche die und die Form haben muß und nur soundso viele Schläge auf einmal gegeben werden, so ist das reine Täuschung. **DIE SCHÄNDLICHE PHILOSOPHIE**, dass der Edelmann seine Bauern schone, weil sein Wohlstand von ihrem Wohlstand abhänge, ist in Amerika weit verbreitet. Man hört nicht vom Zustand der Neger reden, ohne dass nicht das Gespräch auf jene Behauptung sich lenke. REISETAGEBÜCHER

•

Die Physik, die Wissenschaften überhaupt, [...] können keine tiefen Wurzeln schlagen, wenn **NICHT EINE STARKE UND ENERGISCHE GENERATION DA IST**. Was kann man von einigen jungen Leuten, **DIE VON SKLAVEN UMGEBEN SIND UND BEDIENT WERDEN**, erwarten, die die Sonnenstrahlen und die Regentropfen fürchten, die die Arbeit meiden, die immer auf den morgigen Tag setzen und die die leichteste Unbequemlichkeit umwirft? Diese jungen Menschen können zu den Opfern, die die Wissenschaft und die Gesellschaft verlangen, nur eine verweichlichte und unfähige Masse abgeben. AN JOSÉ CELESTINO MUTIS, 10. NOVEMBER 1801

•

Glaubt man etwa, sich des Mitleids entschlagen zu dürfen, **WENN MAN DIE LAGE DER SCHWARZEN MIT JENER DER LEIBEIGENEN DES MITTELALTERS VERGLEICHT**, mit dem bedrückenden Zustand, in dem einige Volksschichten im nördlichen und östlichen Europa noch schmachten? Diese Vergleiche [...] sind unbrauchbare Waffen in der Zeit, in der wir leben. REISETAGEBÜCHER

•

VIELE EUROPÄER ÜBERTRIEBEN **DEN EINFLUSS DES HIE-SIGEN KLIMAS** AUF DIE GEISTIGEN FÄHIG-KEITEN UND BEHAUP-TETEN, DASS ES UN-MÖGLICH SEI, HIER EINE GEISTIGE TÄTIG-KEIT AUSZUÜBEN. ABER WIR SIND VER-PFLICHTET, DAS GE-GENTEIL VON DEM

BEKANNTZUMACHEN UND AUS EIGENER ERFAHRUNG ZU SAGEN, DASS ES UNS NIE AUFS ÄUßERSTE ANSTRENGTE, **DIE SCHÖNHEITEN UND HERRLICHKEITEN ZU BETRACHTEN**, MIT DENEN SICH DIE NATUR HIER PRÄSENTIERT.

AN ANTONIO JOSÉ CAVANILLES, 22. APRIL 1803

Wie reich und fruchtbar auch das Feld sein mag; [...] so sieht man auf demselben sorgfältig mit Zucker-Rohr und Kaffee angepflanzte Ebenen. Aber diese Ebenen netzt der Schweiß afrikanischer Sklaven, und das Landleben verliert allen Reiz, wenn es **VON DEM ANBLICK MENSCHLICHEN ELENDS** unzertrennlich ist. VERSUCH ÜBER DEN POLITISCHEN ZUSTAND DES KÖNIGREICHS NEU-SPANIEN, BAND 3

•

Die **MENSCHENLIEBE** besteht nicht darin, ein wenig Stockfisch mehr und ein paar Peitschenhiebe weniger auszuteilen; eine **WAHRE HEBUNG** der geknechteten Klasse muss sich auf die ganze moralische und physische Stellung der Menschen erstrecken. VERSUCH ÜBER DEN POLITISCHEN ZUSTAND DER INSEL CUBA

•

Weiße Kinder schlagen die kleinen Negerknaben mit großen Knütteln auf den Kopf, die **WEISSEN ELTERN SEHEN LACHEND** zu. REISETAGEBÜCHER

•

Der Krämer, ja der ärmste nacktfüßige Landmann dünkt sich so viel wie ein Marqués, überall hört man: »Glaubst du, dass ich minder weiß bin als andere?« Aber diese Gleichheit dient nur dazu, eine desto gleichere **GRAUSAMKEIT UND ÜBERMUT GEGEN NICHTWEIßE** auszuüben. REISETAGEBÜCHER

•

Keine Indianerin an der Hauptstraße, die nicht damit beschäftigt wäre, Baumwolle zu entkernen oder zu spinnen. Und welche Zukunft hätte dieser Industriezweig, würden die arbeitenden Menschen, die Indios, in den **GENUSS DER FRÜCHTE IHRER ARBEIT KOMMEN** [...]. Aber leider! Sie sind Sklaven, ohne Freiheit, ohne Eigentum und ohne eigenes Werkzeug. REISETAGEBÜCHER

•

DIE **KOLONIE** IST EIN LAND, WO MAN **BE-HAUPTET, IN FREIHEIT LEBEN ZU KÖNNEN**, WEIL MAN DORT SEINE SKLAVEN STRAFLOS MISSHANDELN UND DIE WEIßEN BELEI-DIGEN KANN, WENN SIE ARM SIND.

REISETAGEBÜCHER

Welchen unberechenbaren **EINFLUSS AUF DEN WOHL-STAND** hätte die **FREIE SCHIFFFAHRT AUF DEM AMA-ZONAS**. Diese Freiheit ist es, die interessiert, und nicht, ob ein armseliges Dorf wie Tabatinga spanisch oder portugiesisch ist, ob diese oder jene Insel dem einen oder dem anderen gehört. REISETAGEBÜCHER

•

Die Fabrikherren machen, was man in den Werkstätten Quitos oder auf den Haziendas ganz Spanisch-Amerikas macht, überall, wo es schwierig ist, Arbeitskräfte zu finden: **SIE SCHICKEN IHRE AUFSEHER ZU DEN UNGLÜCKLI-CHEN ARMEN** und lassen diesen anstandslos das Geld zukommen, sich zu betrinken. Schon hat man vom Herrn abhängige Schuldner, Sklaven, die ihre Schuld abarbeiten müssen. REISETAGEBÜCHER

•

Kaum ist man angelangt in so einem kleinen spanisch-amerikanischen Städtchen, so laufen alle Pulperos und Tiendisten zusammen und fragen, ob man etwas zu verkaufen habe, und welches Erstaunen, wenn sie hören, dass man **LAUB UND KRÄUTER SAMMELT**. Die Krämer treten ab, und nun erscheint eine weit fürchterlichere Plagegesellschaft, die Schriftgelehrten, Apotheker, Kurpfuscher, Pfaffen, und **LÜGEN ALLE WUNDER** der Harze und Gummiarten vor.

REISETAGEBÜCHER

•

Es ist doch eine wunderliche Politik der Mutterländer, zu glauben, es sei vorteilhaft, Länder, in denen die Natur Keime der Fruchtbarkeit mit vollen Händen ausgestreut hat, **UNAN-GEBAUT** liegenzulassen. **IHR ARMEN GESETZGEBER**, ihr könnt eine ummauerte Stadt nicht sperren und wollt Provinzen sperren, deren Grenzen ihr nicht kennt! REISETAGEBÜCHER

•

Hier, wo alles so gierig nach wohlfeilen englischen Waren ist, macht ein Musselinhemd so leicht **EINE REVOLUTION** wie in Frankreich ein Buch. REISETAGEBÜCHER

•

Wo die Gruben in den Händen von **PRIVATPERSONEN** und nicht von Gesellschaften (Gewerkschaften) sind, kann der Bergbau unmöglich vervollkommnet werden. Das sieht jeder ein, der **BERGWERKE IN EUROPA** geleitet hat. Hier geht man mit einer Grube um wie mit einer Hazienda, jeder arbeitet nach eigenem Belieben, die persönlichen Interessen von drei oder vier reichen Leuten vereiteln jede Neuerung.
REISETAGEBÜCHER

•

Ein farbiger Mensch glaubt gegen die Pflichten seiner Kaste zu sündigen, wenn er eine Gelegenheit vorbeigehen lässt, einem Weißen einen Teil dessen zurückzugeben, was die bunte Kaste allgemein **VON DER TYRANNEI DER WEIßEN KASTE** leidet. REISETAGEBÜCHER

•

Wenn der **SKLAVENHANDEL** ganz aufhört, so werden die Sklaven nach und nach in die Klasse der freien Menschen übertreten, und eine aus neuen Elementen gebildete Gesellschaft wird, ohne die heftigen Erschütterungen bürgerlicher Zwiste zu erleiden, in jene Bahnen übergehen, die die Natur **ALLEN AUFGEKLÄRTEN GESELLSCHAFTEN** vorgezeichnet hat. VERSUCH ÜBER DEN POLITISCHEN ZUSTAND DER INSEL CUBA

•

Woher dieser **MANGEL AN MORALITÄT**, woher die Leiden, das Unbehagen, dem jeder empfindsame Mensch sich in den Kolonien ausgesetzt findet? Die Ursache liegt darin, dass die Idee der **KOLONIE SELBST EINE UNMORALISCHE IDEE** ist. REISETAGEBÜCHER

•

NACH DEN TRAURIGEN ERFAHRUNGEN DER SPANISCHEN REGIERUNG MIT ALL DEN UNGEHEUER KOSTENAUFWENDIGEN INGENIEURSKOMMISSIONEN MÖCHTE MAN FAST GLAUBEN, SCHON **ALLEIN DER GEDANKE, GEOGRAPHISCHE KARTEN HERZUSTELLEN**, LIEFE DEN STAATSINTERESSEN ZUWIDER.

REISETAGEBÜCHER

Die europäischen Regierungen haben so viel Erfolg **IN DER VERBREITUNG DES HASSES UND DER UNEINIGKEIT** in den Kolonien erzielt, dass man in diesen die Freuden des geselligen Lebens kaum kennt. […] Aus dieser Lage entsteht eine Verwirrung von Ideen und unbegreiflichen Meinungen, eine **ALLGEMEINE REVOLUTIONÄRE TENDENZ**. Aber dieser Wunsch beschränkt sich darauf, die Europäer zu vertreiben und sich danach gegenseitig zu bekriegen. REISETAGEBÜCHER

•

Jede Kolonialregierung ist eine **REGIERUNG DES MISS-TRAUENS**. Man verteilt die herrschenden Gewalten nicht nach dem Erfordernis allgemeiner Glückseligkeit des Landes, sondern unter dem Argwohn, sie könnten sich vereinigen, sich dem **GEMEINWOHL DER KOLONIE** zu sehr verpflichtet fühlen und die Interessen des Mutterlandes gefährden. REISE-TAGEBÜCHER

•

Am Vorgebirge Paria sah **COLUMBUS ZUERST DAS FEST-LAND**; hier laufen die Täler aus, die bald von den kriegerischen, menschenfressenden Kariben, bald von den zivilisierten Handelsvölkern Europas verwüstet wurden. Die Spanier besuchten die Küste nur, um sich mit Gewalt oder im Tauschhandel Sklaven, Perlen, Goldkörner und Farbhölzer zu beschaffen. Durch den Schein gewaltigen Religionseifers meinte man diese unersättliche Habsucht in eine höhere Sphäre zu heben. So hat jedes Jahrhundert **SEINE EIGENE GEISTIGE UND SITTLICHE FARBE**. REISETAGEBÜCHER

•

So **UNVERSCHÄMT UNMORALISCH** dieses Mönchsgesindel! REISETAGEBÜCHER

•

Wenn in den Kapuziner- und Observantenklöstern in Spanien man wüsste, wie **HERRLICH DAS MISSIONSLEBEN** ist, **ALLE MÖNCHE LIEFEN NACH AMERIKA.** Ich habe oft die Kapuzinerspeise in Tirol mit dem verglichen, was ich tief im Innern von Südamerika an Weinen, Likören, Kuchen, Süßigkeiten, Pasteten genossen habe. REISETAGEBÜCHER

•

Die ersten Ankömmlinge lernten von den Indianern Häuser bauen, lernten von ihnen kochen, gegorene Säfte bereiten, [...] Töpfe ohne Drehscheibe formen, ohne Ofen brennen, Kanonen zimmern; sie lernten, dass Brennen den Acker bereiten heißt, dass man leben kann, ohne zu pflanzen, **WEIL DIE NATUR ALLES VON SELBST HERVORBRINGT.** Sie [...] teilten von ihrer eigenen, ohnedies so geringen europ[äischen] Kultur nichts, gar nichts mit – weder Drehscheibe, noch Pflug, noch Töpferofen führten sie ein. REISETAGEBÜCHER

•

In einem zweihundertfünfzig Jahre lang tyrannisierten Land **BEDARF ES GAR NICHT DER EMIGRATION,** um die Bevölkerung auszurotten. Eine unglückliche Familie pflanzt sich nicht fort; man flieht die Ehe. REISETAGEBÜCHER

•

Die Spanier in den Tropen, besonders die kleinen Leute – denn **DER GEIZ IST NUR IN DEN ERSTEN KREISEN ZU HAUSE,** die zugleich die verdorbensten sind –, die kleinen Leute opfern alles dem Genuss des Augenblicks. Sie geben in einem Lidschlag aus, was sie die Arbeit und den Schweiß ganzer Monate gekostet hat. REISETAGEBÜCHER

•

MOND UND VENUS-
BERGE! WANN WERDEN
WIR DIESE REISE UN-
TERNEHMEN, UNSERE
KULTUR, DAS HEIßT
DAS GEMISCH UNSE-
RER LASTER UND VOR-
URTEILE **ÜBER ANDERE
PLANETEN VERBREI-
TEN UND SIE VERÖDEN,**
WIE EUROPÄER BEIDE
INDIEN ENTVÖLKERT
UND VERHEERT HABEN.

REISETAGEBÜCHER

Der Reichtum, den ein fleißiger Missionar an zum Handel günstigen Orten haben kann, ist grenzenlos. Der Reichste hier ist, wer Hände hat, **UND DES MISSIONARS SKLAVEN SIND ALLE INDIANER SEINES DORFES.** Aber nach Europa schreiben die Missionare ewig von unbekehrten Indianern, Mühseligkeiten, Schlangen, Tigern, von irgendeinem Padre, der vor anderthalb Jahrhunderten erschlagen wurde. REISETAGEBÜCHER

•

Alle **MISSIONARE**, die zehn Jahre in Amerika wohnen, können nach Wohlgefallen nach Spanien zurückkehren, sind vom Chor und fast allem Mechanismus des Gottesdienstes befreit und genießen alle Rechte der Klosterprälaten. **NIEMAND WILL ZURÜCKKEHREN** und sich wieder ins Kloster einzwängen.

REISETAGEBÜCHER

•

Die Indianer sind die **ÄRMSTE, BEDRÜCKTESTE MENSCHENKLASSE**, und eine schlechte Regierung, wie die hiesige, drückt am schwersten auf die dürftigste, wehrloseste Klasse. Das ist der eigentliche Grund. Wo wenige Indianer unter vielen Weißen wohnen, ist der Druck am schlimmsten. **DANN SUCHT MAN SIE GANZ ZU VERNICHTEN**, jagt sie in die unfruchtbarste, kälteste Gegend, bemächtigt sich ihrer Güte, und trotz aller indianischer Gesetze ist dies leicht in einem Lande, wo die Justiz feil ist. REISETAGEBÜCHER

•

Das Reich der Inkas war ein Kloster, eine Herrenhuter Kolonie, in der zwar Fleiß aufblüht, der Geist aber, eingezwängt und an zahllose Formeln gewöhnt, weder erstarken noch zu großen Handlungen aufkeimen kann. Der Altperuaner war eine Maschine und nicht mehr. Jedem war sein Platz, seine Beschäftigung angewiesen. **ALLE GEISTESFREIHEIT WAR UNTERDRÜCKT.** Welche Polizei-Inquisition! REISETAGEBÜCHER

•

In Lima selbst habe ich nichts über Peru gelernt. Dort beschäftigt man sich niemals mit Dingen, die das öffentliche Wohl des Königreiches betreffen. Lima ist von Peru entfernter als London, und auch wenn man in irgendeinem Teil des spanischen Amerika durch **ZU VIEL PATRIOTISMUS** sündigte, so kenne ich keinen anderen, an dem dieses Gefühl ausgelöschter wäre. AN JOSÉ IGNACIO CHECA Y BARBA, 18. JANUAR 1803

•

Die Inkas allein waren fähig, den Einwohnern Amerikas ein Vorspiel dessen zu geben, was dann die **BLUTDÜRSTIGE, CHRISTLICHE RASEREI** durch spanische Hände ausrichtete. Alle ihre Eroberungen hatten religiösen Fanatismus zum Motiv. REISETAGEBÜCHER

•

Dass das Glück der Weißen aufs Innigste mit der kupferfarbenen Rasse verbunden ist, und dass es in beiden Amerikas überhaupt kein dauerndes Glück geben wird, als bis diese, durch lange Unterdrückung zwar gedemütigte, aber nicht erniedrigte Rasse alle Vorteile teilt, welche **AUS DEN FORTSCHRITTEN DER ZIVILISATION UND DER VERVOLLKOMMNUNG DER GESELLSCHAFTLICHEN ORDNUNG** hervorgehen.« VERSUCH ÜBER DEN POLITISCHEN ZUSTAND DES KÖNIGREICHS NEU-SPANIEN, BAND 5

Wo müsste sich jemand mehr schämen, ein Europäer zu sein, als auf den Inseln, seien es französische, englische, dänische, spanische. Sich darüber streiten, **WELCHE NATION DIE NEGER HUMANER BEHANDELT**, heißt, sich über das Wort Humanität lustig machen und fragen, was angenehmer ist, sich den Bauch aufschlitzen oder die Haut abziehen zu lassen. REISETAGEBÜCHER

•

ZWEIFELSOHNE IST DIE SKLAVEREI **DAS GRÖSSTE ALLER ÜBEL**, WELCHE JEMALS DIE MENSCHHEIT BETROFFEN.

VERSUCH ÜBER DEN POLITISCHEN ZUSTAND DER INSEL CUBA

In Havanna fragt man in einigen Häusern: »Wünschen Sie eine Erfrischung?« **UND RUFT DIE SKLAVIN**, um das Fenster nach Osten, woher der kühle Wind kommt, öffnen zu lassen.

REISETAGEBÜCHER

•

Europa kennt **KAUM ZWANZIG GATTUNGEN**, von denen die Tropen nicht mehrere Arten hervorbringen. Birke, Erle, Walnuss, Eiche, Weide, Brombeerstrauch, Fichte, Berberitze. Der Natur hat es gefallen, in den Tropen alle Formen zu vereinen. REISETAGEBÜCHER

•

In Havanna drehen sich alle Gespräche um das große Problem, wie man an einem Tag mit **DER GERINGSTEN ANZAHL SCHWARZER DIE GRÖßTE MENGE ZUCKERHÜTE** produzieren kann. REISETAGEBÜCHER

•

Glauben Sie mir, meine Teuren, nicht in Goch, in Bayreuth und am Erprath, **HIER UNTER DEN TROPEN SOLL DER MENSCH LEBEN**. Welch ein Genuss! AN REINHARD UND CHRISTIANE VON HAEFTEN, 18. NOVEMBER 1799

•

Was einer sagt, sagen hier **JAHRHUNDERTELANG** alle, besonders wenn der erste ein Mönch war! REISETAGEBÜCHER

•

Wir brachten die Nacht [...] unter freiem Himmel zu am rechten Ufer in einer Pflanzung eines Jaguarjägers, Don Ignacio, **EIN GEMISCH ALLER RASSEN**, erzkupferbraun, ganz nackt, wie alle seine Töchter, aber dauernd von »nosotros caballeros blancos« sprechend – von weißen Leuten wie er und ich –, von seiner Gemahlin Doña Isabel, seiner Tochter Doña Manuela, alle nackt-arschig. REISETAGEBÜCHER

•

»Es como en el paraíso« – es ist wie im Paradies –, sagte unser Steuermann, ein alter Indianer aus den Missionen. Und wirklich, alles erinnert hier **AN DEN URZUSTAND DER WELT**, dessen Unschuld und Glück uralte ehrwürdige Überlieferungen allen Völkern vor Augen stellen. REISETAGEBÜCHER

•

Die jungen Blätter der Krone reizen den Bären mehr als Schafe und Rinder, und nur bei wütendem Hunger haben diese zu fürchten. So nimmt in den Tropen alles mildere, friedlichere Formen und Sitten an. **NUR DER MENSCH ALLEIN BLEIBT SICH ÜBERALL AUF DEM ERDBODEN GLEICH**, sein eigen Geschlecht verfolgend und hassend! REISETAGEBÜCHER

•

Wer die großen Ströme des tropischen Amerika, wie den Orinoko oder den Magdalenenfluss, nicht befahren hat, kann nicht begreifen, wie man ohne Unterlass, jeden Augenblick im Leben von den Insekten, die in der Luft schweben, gepeinigt werden, wie die Unzahl dieser kleinen Tiere **WEITE LANDSTRECKEN FAST UNBEWOHNBAR** machen kann. REISETAGEBÜCHER

•

In Atures, besonders aber in Maipures erreicht die Plage [der Insekten] sozusagen ihr Maximum. Ich zweifle, ob es ein Land auf Erden gibt, wo der Mensch grausamere Qualen zu erdulden hat als hier in der Regenzeit. **VON NUN AN FINDET DER REISENDE KEINE RUHE MEHR.** Hat er poetische Stellen aus Dante im Kopf, so mag ihm zumute sein, […] als stünden an den Felswänden die merkwürdigen Verse aus dem dritten Gesang der Hölle geschrieben: »Gelangt sind wir dahin, wo ich dir sagte, Du würdest sehn die schmerzerfüllten Scharen.« REISETAGEBÜCHER

•

HUMBOLDT TO GO

HIER, INMITTEN DES NEUEN KONTINENTS, GEWÖHNT MAN SICH BEINAHE DARAN, DEN MENSCHEN ALS ETWAS ZU BETRACHTEN, DAS **NICHT NOTWENDIG ZUR NATURORDNUNG** GEHÖRT.

REISETAGEBÜCHER

Andere, gleichfalls kleine Insekten, die Termiten, setzen in mehreren heißen und gemäßigten Ländern des tropischen Erdstrichs der Entwicklung der Kultur schwer zu besiegende Hindernisse entgegen. **FURCHTBAR RASCH VERZEHREN SIE PAPIER, PAPPE, PERGAMENT**; sie zerstören Archive und Bibliotheken. In ganzen Provinzen von Spanisch-Amerika gibt es keine geschriebene Urkunde, die hundert Jahre alt wäre. REISETAGEBÜCHER

•

Nichts ist widerlicher, als (in den Kariben-Missionen) zu sehen, wie der Priester nach der Messe im Ornat vor der Kirchentür Aufstellung nimmt, um die Geschenke (Abgaben) der Indios zu empfangen. [...] Nach diesem **AKT DER HULDIGUNG** befiehlt der Priester, die Indios auszupeitschen, **DIE SEINEM DESPOTISMUS WIDERSTAND GELEISTET HABEN** [...]; danach kehrt der Priester in die Sakristei zurück und legt sein geistliches Ehrenkleid ab. REISETAGEBÜCHER

•

Das alte Mexiko war wie Vendig voller Kanäle. Man wollte alles trockenlegen, **EINE STADT MIT FESTEM BODEN DARAUS MACHEN**; aber um an sein Ziel zu kommen, wenn man überhaupt jemals dahingelangen wird, muss man das Tal unfruchtbar machen, die Seen ablaufen lassen. REISETAGEBÜCHER

•

Die Missionen sind Theokratien. **ES GIBT KEINE UNBEGRENZTERE DESPOTIE ALS DIE DER MÖNCHE.** Welche schreckliche Vorstellung, dass derselbe Mensch, der von den Sünden freispricht, der nach seinem Belieben den mildesten Trost eines zukünftigen, glücklicheren Lebens entziehen kann, auch **HERR UND GEBIETER** über euer [der Indios] Eigentum, die Früchte eures Ackerbaus, eure geringfügigsten Handlungen ist. REISETAGEBÜCHER

•

Man muss bewundern, mit welcher Intelligenz die Mexikaner **IM AUGENBLICK DER CONQUISTA** neue Hieroglyphen erfanden für Dinge, die sie nie gesehen hatten. So zeigt ein Kopf, von dem ein Faden ausgeht, der zwei Schlüssel hält, eine Person, die sich Petrus nennt. [...] Man sieht Bischöfe, die firmen, Kreuze und viele erhängte Indios; **DENN ES IST SCHRECKLICH**, dass man bei der Durchsicht der mexikanischen chronologischen Bilderschriften sicher ist, Spanier anzutreffen, sobald man erhängte Indios sieht. REISETAGEBÜCHER

•

Ihr, die ihr die Gelübde der Demut, der Armut abgelegt und die Einfachheit der Urkirche nachgeahmt habt, seht eure Anhänger in Westindien! **WELCH GRAUSAME VORSTELLUNG**, dass die Indios euren Gott nicht anbeten können, ohne ausgepeitscht zu werden. REISETAGEBÜCHER

•

Vergeblich boten wir ihnen [den Guahibos] Branntwein an; sie wollten ihn nicht einmal kosten. Es ist gewiss, dass erst die **EUROPÄER DIESE RAUSCHBEGIER EINGEFÜHRT HABEN.** Der echte Wilde (nicht der halb kultivierte in den alten Missionen) ist mäßig. REISETAGEBÜCHER

•

Diese **ALTEN SAGEN DES MENSCHENGESCHLECHTS**, die wir gleich Trümmern eines großen Schiffbruchs über den Erdball verstreut finden, sind **FÜR DIE GESCHICHTSPHILOSOPHIE** von höchster Bedeutung. Wie gewisse Pflanzenfamilien in allen Klimaten und in den verschiedensten Meereshöhen das Gepräge des gemeinsamen Typus behalten, so haben die kosmogonischen Überlieferungen der Völker allerorten denselben Charakter, eine Familienähnlichkeit, die uns in Erstaunen setzt. REISETAGEBÜCHER

•

DIE GEGENWÄRTIGEN MISSIONARE SIND EINE MENSCHENKLASSE, DIE **UNTER DEM AN-SCHEIN, DEN INDIOS GUTES ZU TUN**, IHNEN IHREN BESITZ GEWALT-SAM WEGNIMMT UND SIE GLAUBEN MACHT, ES SEI EINE SÜNDE, SICH DARÜBER ZU BE-KLAGEN.

REISETAGEBÜCHER

Man sträubt sich gegen die Vorstellung, dass wir in diesem gesellschaftlichen Kindheitszustand, in diesem Haufen trübseliger, schweigsamer, teilnahmsloser Indianer **DAS URSPRÜNGLICHE WESEN UNSERES GESCHLECHTS** vor uns haben sollen. Die Menschennatur tritt uns hier nicht im Gewande liebenswürdiger Einfalt entgegen, wie sie die Poesie in allen Sprachen so hinreißend schildert. REISETAGEBÜCHER

•

Es geht den Indios wie den Negern: Werden sie nicht gerade totgeschlagen, **HEISST ES, ES GEHE IHNEN GUT**; und wenn man ihnen ohne Richterspruch nur fünfundzwanzig Hiebe zu versetzen wagt, macht man sich vor, sie seien durch die Gesetze geschützt. REISETAGEBÜCHER

•

In Maipures und Atures weiß man **NICHTS VON SCHLÖS- SERN AN DEN TÜREN**; sie werden eingeführt werden, sobald Weiße und Mischlinge sich in den Missionen niederlassen. REISETAGEBÜCHER

•

Wie kann bei einer so ungleichen Verbindung von häuslichem Glück die Rede sein! Die **WEIBER LEBEN IN EINER ART SKLAVEREI** wie bei den meisten sehr versunkenen Völkern: Da die Männer im Besitz der unumschränkten Gewalt sind, wird in ihrer Gegenwart keine Klage laut. REISETAGEBÜCHER

•

Die Indios eines Dorfes sind immer geneigt, ihre Nachbarn zu demütigen, und wenn es sich um einen Racheakt handelt, führt ihn der Indio zufrieden aus, **OHNE NACH DEM GRUND DER BESTRAFUNG ZU FRAGEN**; fast wie die europäischen Soldaten, die einen Krieg mit Erbitterung führen, ohne zu wissen, um was er geführt wird. REISETAGEBÜCHER

•

Und ebendiese Leute, **BEI DENEN WIR SOLCH GROßEN GEISTIGEN ADEL, SO VIELE INTELLEKTUELLE FÄHIGKEITEN** beobachten, sind in puncto Arbeit die gleichgültigsten und faulsten. Sie stehlen lieber die Bananen anderer, als selbst welche zu pflanzen. Sie liegen Tag und Nacht herum, wenn die Jagd sie nicht hochtreibt oder der Feind. Aber die Gleichgültigkeit, von der schlechte Philosophen so viel sprechen, hat gewiss nichts mit Stupidität zu tun, sowenig wie der Müßiggang unserer großen Herren oder Gelehrten, die die Erde nicht bebauen, niemals zu Fuß gehen, sich bedienen lassen und so weiter. Der Mensch bewegt sich nur, wenn Notwendigkeit ihn anruft. Und **WELCHE NOTWENDIGKEIT BESTÜNDE FÜR DEN FREIEN DER WÄLDER**, der sich von Palmenfrüchten oder Bananen ernährt, die fast von alleine wachsen? REISETAGEBÜCHER

•

Der Indio arbeitet zwölf Stunden täglich und fertigt dabei zehn bis zwölf Ellen Flanell, und da man ihm jährlich nur achtzehn Pesos dafür zahlt, steht er am Jahresende weiter **IN DER SCHULD DES HERRN**. Man peitscht ihm sogar ins Gesicht, tut Urin mit Salz in die Wunden, die Kinder bleiben ohne Nahrung, und da wundert man sich über die abnehmende Zahl der Indios. REISETAGEBÜCHER

•

Entbehrung und Leiden sind auch bei den Chaimas **DAS LOS DER WEIBER**. Die schwerste Arbeit fällt ihnen zu. Wenn wir die Familien abends aus ihrem Garten heimkommen sahen, trug der Mann nichts als den Machete, mit dem er einen Weg durch das Gesträuch bahnt. Die Frau ging gebückt unter einer gewaltigen Last Bananen und trug ein Kind auf dem Arm, und zwei andere saßen nicht selten oben auf dem Bündel. REISETAGEBÜCHER

•

DIE INDIANER AM ORINOKO HABEN IN DEN ÄUSSERUN- GEN IHRER FREUDE, IM RASCHEN WECHSEL IHRER GEMÜTSBEWEGUNGEN ETWAS KINDLICHES; **SIE SIND ABER KEINESWEGS GROSSE KINDER**, SO WENIG WIE DIE ARMEN BAUERN IM ÖSTLICHEN EUROPA, DIE IN DER BARBAREI DES FEUDALSYSTEMS SICH DER TIEFSTEN VERKOM- MENHEIT NICHT ENTRIN- GEN KÖNNEN.

REISETAGEBÜCHER

Dieses scheußliche Gesetz, das die Einfuhr von Negern in South Carolina gestattet, **IST EINE SCHANDE FÜR EINEN STAAT**, von dem ich weiß, daß es hier hervorragend gebildete Menschen gibt. Indem man dem einzigen Weg folgt, den die Menschlichkeit vorschreibt, wird man anfangs zweifellos weniger Baumwolle ausführen. Aber ach, wie ich diese Politik verabscheue, **DIE DAS ALLGEMEINE WOHL EINFACH NACH DEM WERT DER EXPORTE BERECHNET UND ABSCHÄTZT!** Es ist mit dem Reichtum der Nationen wie mit dem der einzelnen Personen. Er ist nur die Nebensache unseres Glückes. Bevor man frei ist, muss man gerecht sein, und **OHNE GERECHTIGKEIT** gibt es kein dauerhaftes Wohlergehen. AN WILLIAM THORNTON, 20. JUNI 1804

•

Diese unglücklichen Indianer, **DIE ALTEN, RECHTMÄßIGEN HERREN DES LANDES**, sind auf die höchsten und kältesten Bergrücken verwiesen, wo der Reif ihre Kartoffeln und Zwiebeln und ihren Kohl tötet, während sie auf ihren ehemaligen Gütern im milderen Klima die schönsten Weizenähren blühen sehen. **ABER SO IST ES IN ALLEN WELTTEILEN.** Unser deutscher Adel sind die Barbaren, die in der Völkerwanderung vom Schwarzen Meer eindrangen, und die ehemaligen rechtmäßigen Besitzer sind unsere unglücklichen Bauern, die man in Mecklenburg von ihren Gütern vertreibt. REISETAGEBÜCHER

•

Die amerikanische Jugend ist in einer inneren Gemütsbewegung, die man in Spanien nicht kennt. Alles klagt über das Joch und den Unsinn der Peripatetiker **UND WILL DIE FESSELN ABSCHÜTTELN**, die die Mönche der Vernunft anlegen. Selbst unter den Mönchen gibt es Neuerer. REISETAGEBÜCHER

•

Das Ganze gewährt mir dort den traurigen Anblick, dass die **FREIHEIT NUR EIN MECHANISMUS IM ELEMENTE DER NÜTZLICHKEIT** ist, wenig dort veredelnd, das Geistige und Gemütliche anregend, was doch der Zweck der politischen Freiheit sein soll. Daher **GLEICHGÜLTIGKEIT GEGEN SKLAVEREI**. Aber die V[ereinigten] St[aaten] sind ein Cartesianischer Wirbel, alles fortreißend, langweilig nivellierend. AN KARL AUGUST VARNHAGEN VON ENSE, 31. JULI 1854

•

Der **ANSIEDLER VON EUROPÄISCHER ABKUNFT** sieht verächtlich auf alles herab, was sich auf die unterworfenen Völker bezieht. Er sieht sich in die Mitte gestellt zwischen die frühere Geschichte des Mutterlandes und die seines Geburtslandes, und die eine ist ihm so gleichgültig wie die andere. In einem Klima, in dem bei dem geringen Unterschied der Jahreszeiten der Ablauf der Jahre fast unmerklich wird, überlässt er sich ganz dem Genuss der Gegenwart und wirft selten einen Blick in vergangene Zeiten. Die **GESCHICHTE DER KOLONIEN HAT NUR ZWEI MERKWÜRDIGE EREIGNISSE** aufzuweisen: ihre Gründung und ihre Trennung vom Mutterland. REISETAGEBÜCHER

•

Der Präsident [Thomas Jefferson] schien mich freundlich anzuhören; indessen glaube ich doch, er wünschte im Herzen [...], Leute, welche Pflanzen auflesen und das Gestein untersuchen, möchten sich **NICHT SO VORLAUT MIT DEM WOHL DER KUPFERFARBIGEN RASSE UND MIT DEN ANGELEGENHEITEN DER MENSCHLICHEN GESELLSCHAFT** befassen. Dieser Wunsch ist in beiden Welten gar weit verbreitet; man begegnet ihm überall, wo der Gewalt bange ist, weil sie meint, **SIE STEHE NICHT AUF FESTEN FÜßEN**. GESPRÄCHE ALEXANDER VON HUMBOLDTS

•

»WISSEN UND ERKENNEN SIND DIE FREUDE UND DIE BERECHTIGUNG DER MENSCHHEIT«

NATUR UND MENSCH

Die Natur ist für die denkende Betrachtung **EINHEIT IN DER VIELHEIT**, Verbindung des Mannigfaltigen in Form und Mischung, Inbegriff der Naturdinge und Naturkräfte, als ein lebendiges Ganzes. Das wichtigste Resultat des sinnigen physischen Forschens ist daher dieses: **IN DER MANNIGFALTIGKEIT DIE EINHEIT ZU ERKENNEN**, von dem Individuellen alles zu umfassen […], die Einzelheiten prüfend zu sondern und doch nicht ihrer Masse zu unterliegen, der erhabenen Bestimmung des Menschen eingedenk, den Geist der Natur zu ergreifen, welcher unter der Decke der Erscheinungen verhüllt liegt. KOSMOS, BAND 1

•

Mögen Schwachköpfe sich daran ärgern. **ES GEHT IN DER BOTANIK WIE IN DER PHILOSOPHIE.** Bei beiden ist die Epoche der Revision gekommen. AN PAUL USTERI, 8. AUGUST 1789

•

Die meisten Menschen betrachten die **BOTANIK ALS EINE WISSENSCHAFT**, die für Nichtärzte nur zum Vergnügen oder allenfalls [...] zur subjektiven Bildung des Verstandes dient. Ich halte sie für eins von den Studien, von denen sich **DIE MENSCHLICHE GESELLSCHAFT AM MEISTEN ZU VERSPRECHEN** hat. AN WILHELM GABRIEL WEGENER, 25. FEBRUAR 1789

•

So leiten dunkle Gefühle und die **VERKETTUNG SINN-LICHER ANSCHAUUNGEN**, wie später die Tätigkeit der **KOMBINIERENDEN VERNUNFT**, zu der Erkenntnis, welche alle Bildungsstufen der Menschheit durchdringt, dass ein gemeinsames, gesetzliches und darum ewiges Band **DIE GANZE LEBENDIGE** Natur umschlinge. KOSMOS, BAND 1

•

Der Gelehrte, der im Bau einer Maschine unterrichtet ist, weiß nichts über Indigo zu sagen, und es ist sehr selten, dass **BEIDES IN EINER PERSON VEREINIGT IST**, so als wenn man in einem Advokaten einem guten Arzt begegnen würde. AN JOSÉ ANTONIO MONTENEGRO, JANUAR 1800

•

Ich treibe **EIN METIER**, das man, um es zu lieben, nur **LEI-DENSCHAFTLICH** treiben kann. AN PAUL CHRISTIAN WATTEN-BACH, 18. FEBRUAR 1792

•

Schwache Menschen klagen jetzt, dass man ihnen ihre schönsten Güter, Wahrheiten entrissen habe. Sie stehen entblößt da und bedenken nicht, dass ihr voriges so künstlich gewebtes Gewand sie hinderte **AN DER FREIEN AUS-ÜBUNG IHRER KRÄFTE**; sie halten sich für arm, weil sie der Täuschung weniger haben. AN ERNST GOTTFRIED FISCHER, 11. AUGUST 1789

•

EINE GEISTESARBEIT BEGINNT, SOBALD, **VON INNERER NOT-WENDIGKEIT GETRIE-BEN**, DAS DENKEN DEN STOFF SINNLI-CHER WAHRNEH-MUNGEN AUFNIMMT.

KOSMOS, BAND 1

Wer die Resultate der Naturforschung nicht in ihrem Verhältnis **ZU EINZELNEN STUFEN DER BILDUNG** oder zu den individuellen Bedürfnissen des geselligen Lebens, sondern in ihrer großen **BEZIEHUNG AUF DIE GESAMTE MENSCHHEIT** betrachtet, dem bietet sich als die erfreulichste Frucht dieser Forschung der Gewinn dar, durch Einsicht in den Zusammenhang der Erscheinungen den Genuss der Natur vermehrt und veredelt zu sehen. KOSMOS, BAND 1

•

Von Kindheit aus prägen sich unserer Vorstellung **GEWISSE KONTRASTE** ein; das Wasser gilt uns für ein bewegliches Element, die Erde für eine unbewegliche träge Masse. Diese Begriffe sind das Produkt der täglichen Erfahrung und hängen **MIT ALLEN UNSEREN SINNESEINDRÜCKEN** zusammen. Wankt die Erde in ihren alten Grundfesten, die wir für unerschütterlich gehalten haben, so ist eine langjährige Täuschung in einem einzigen Augenblick zerstört. Man lauscht hinfort auf das leiseste Geräusch, man misstraut zum erstenmal einem Boden, auf den man so lange zuversichtlich einen Fuß gesetzt hat. REISETAGEBÜCHER

•

Indem das **ALLGEMEINE NATURGEMÄLDE** von den fernsten Nebelflecken und kreisenden Doppelsternen des Weltraums zu den tellurischen Erscheinungen der Geographie der Organismen (Pflanzen, Tiere und Menschenrassen) herabsteigt, enthält es schon das, was ich als das Wichtigste und Wesentlichste meines ganzen Unternehmens betrachte: **DIE INNERE VERKETTUNG DES ALLGEMEINEN MIT DEM BESONDEREN.** KOSMOS, BAND 1

•

Alles ist **WECHSELWIRKUNG.** REISETAGEBÜCHER

•

Über die **LEICHTGLÄUBIGKEIT DES VOLKES**, das jeden Augenblick die ewigen Naturgesetze aufgehoben sieht, braucht man sich nicht zu wundern. Wundern muss man sich über den Fleiß der religiösen Kaste, aus allem Vorteil zu ziehen [...], was ihr Reich auf die Furcht zu gründen hilft.   REISETAGEBÜCHER

•

Die Natur muss gefühlt werden; **WER NUR SIEHT UND ABSTRAHIERT**, kann ein Menschenalter, im Lebensgedränge der glühenden Tropenwelt, Pflanzen und Tiere zergliedern, er wird die Natur zu beschreiben glauben, ihr selbst aber ewig fremd sein. In der Fähigkeit, die Natur zu fühlen, liegen Heil und Unheil gepaart. Schweifen die Gefühle wild umher, **SO ENTSTEHEN NATURTRÄUME**, die Pest dieser letzten Zeiten.   AN JOHANN WOLFGANG VON GOETHE, 3. JANUAR 1810

•

Generelle Ansichten erhöhen den Begriff von der Würde und der Größe der Natur; **SIE WIRKEN LÄUTERND UND BERUHIGEND** auf den Geist, weil sie gleichsam den Zwiespalt der Elemente durch Auffindung von Gesetzen zu schlichten streben.   KOSMOS, BAND 1

•

Überall sehe ich den menschl[ichen] Verstand in einerlei Irrtümern versenkt, überall glaubt er, **DIE WAHRHEIT GEFUNDEN ZU HABEN**, und wähnt, dass ihm nichts zu verbessern, zu entdecken übrig bleibe. Er scheut die Untersuchung, weil er denkt, dass schon alles untersucht sei. **SO IN DER RELIGION, SO IN DER POLITIK**, so überall, wo der gemeine Haufen sein Wesen treibt.   AN WILHELM GABRIEL WEGENER, 25. FEBRUAR 1789

•

KEINE RELIGION PRE-
DIGT DIE UNMORAL,
ABER SICHER IST,
DASS VON ALLEN
EXISTIERENDEN DIE
**CHRISTLICHE RELI-
GION** DIEJENIGE IST,
UNTER DEREN MASKE
DIE MENSCHEN **AM
UNGLÜCKLICHSTEN**
WERDEN.

REISETAGEBÜCHER

Indem wir die **EINHEIT DES MENSCHENGESCHLECHTES** behaupten, widerstreben wir auch jener unerfreulichen Annahme von höheren und niederen Menschenrassen. Es gibt bildsamere, höher gebildete, durch geistige Kultur veredelte: aber keine edleren Volksstämme. **ALLE SIND GLEICH-MÄßIG ZUR FREIHEIT BESTIMMT:** zur Freiheit, welche in rohen Zuständen dem Einzelnen, in dem Staatenleben bei dem Genuss politischer Institutionen der Gesamtheit als Berechtigung zukommt. KOSMOS, BAND 1

•

Wenn der liebe Gott nicht existierte, müsste man ihn sich vorstellen, um **DIE SCHWACHEN SEELEN** zu beruhigen. AN EMIL DU BOIS-REYMOND, 13. MÄRZ 1855

•

Überall habe ich auf den **EWIGEN EINFLUSS** hingewiesen, welchen die physische Natur **AUF DIE MORALISCHE STIMMUNG** der Menschheit und auf ihre Schicksale ausübt. ANSICHTEN DER NATUR

•

Wenn nun der Mensch, indem er die **VERSCHIEDENEN ENTWICKLUNGSSTUFEN SEINER BILDUNG** durchläuft, minder an den Boden gefesselt, sich allmählich zu geistiger Freiheit erhebt, genügt ihm nicht mehr ein dunkles Gefühl, die stille Ahnung von der **EINHEIT ALLER NATURGEWALTEN**. Das zergliedernde und ordnende Denkvermögen tritt in seine Rechte ein; und wie die Bildung des Menschengeschlechts, so wächst gleichmäßig mit ihr beim Anblick der Lebensfülle, welche durch die ganze Schöpfung fließt, der unaufhaltsame Trieb, tiefer in **DEN URSÄCHLICHEN ZUSAMMENHANG DER ERSCHEINUNGEN** einzudringen. KOSMOS, BAND 1

•

Die Dauer der Welt [...] lässt sich nur denken **OHNE ANFANG UND OHNE ENDE.** GESPRÄCHE ALEXANDER VON HUMBOLDTS

•

DAS SEIN wird in seinem Umfang und inneren Sein vollständig erst als **EIN GEWORDENES** erkannt. KOSMOS, BAND 1

•

Denn das Ungemessene, ja selbst das Schreckliche in der Natur, alles, was unsere Fassungskraft übersteigt, wird in einer romantischen Gegend zur Quelle des Genusses. Die Phantasie übt dann das **FREIE SPIEL IHRER SCHÖPFUNGEN** an dem, was von den Sinnen nicht vollständig erreicht werden kann; ihr Wirken nimmt eine andere Richtung bei jedem Wechsel in der Gemütsstimmung des Beobachters. Getäuscht, glauben wir **VON DER AUßENWELT** zu empfangen, was **WIR SELBST IN DIESE GELEGT** haben. KOSMOS, BAND 1

•

Die Naturphilosophie kann **DEN FORTSCHRITTEN DER EMPIRISCHEN WISSENSCHAFTEN** nie schädlich sein. Im Gegenteil, sie führt das Entdeckte auf Prinzipien zurück, wie sie zugleich neue Entdeckungen begründet. AN FRIEDRICH WILHELM JOSEPH SCHELLING, 1. FEBRUAR 1805

•

Ich glaube nicht, dass man den Gebrauch der Vernunft oder gar das Wort Naturphilosophie verpönen darf, man muss nur dem Worte **DURCH BESSERE ANWENDUNG DER VERNUNFT** zu Ehren helfen. Das Anordnen des Empirischen nach Ideen ist eine **ERLAUBTE NATURPHILOSOPHIE**, das Schaffen aus bloßen Ideen, ohne empirisches Substrat, ist **EINE VERDERBLICHE.** AN CHRISTIAN GOTTFRIED EHRENBERG, 28. JULI 1836

•

Die dem Islam scheinbar innewohnende geistbedrückende Kraft hat sich im Ganzen minder tätig und hemmend unter der arabischen Herrschaft als bei den türkischen Stämmen gezeigt. Religiöse Verfolgung war hier wie überall (auch unter christlichen Völkern) mehr **WIRKUNG EINES SCHRANKENLOSEN DOGMATISIERENDEN DESPOTISMUS** als Wirkung der ursprünglichen Glaubenslehre, der religiösen Anschauung der Nation. KOSMOS, BAND 2

•

Wissen und Erkennen sind die Freude und die Berechtigung Es ist ein gewagtes Unternehmen, den Zauber der Sinnenwelt einer **ZERGLIEDERUNG SEINER ELEMENTE** zu unterwerfen. KOSMOS, BAND 1

•

Die Idee, dass Gott eine unermessliche Welt aus dem Nichts hervorgerufen, dass er sie mit Kräften belebt hat, die scheinbar gegeneinander kämpfen, und doch alle harmonisch wirken – ist uns zu klein. **DIE WELT IST DA,** Ruhe ist für Gott undenkbar. Wir wollen ihn in Tätigkeit setzen und wir lassen ihn von Zeit zu Zeit in das Uhrwerk eingreifen, um den Rädern einen neuen Schwung zu geben oder um Wirkungen hervorzubringen, auf welche die Maschine nicht eingerichtet war. Wir schreiben dem Werke **UNVOLLKOMMENHEIT** zu und glauben den Urheber dadurch **VOLLKOMMENER** zu machen. AN WILHELM GABRIEL WEGENER, 15. JUNI 1788

•

Vor allem müssen sorgfältig ein **FRÜHES AHNEN** und ein **WIRKLICHES WISSEN** scharf voneinander getrennt werden. KOSMOS, BAND 2

•

DOGMATISCHER THEIS-MUS IST IN MEINEN AU-GEN WEIT GEFÄHRLICHER ALS ALLE ALBERNHEITEN **POSITIVER GLAUBENS-LEHREN** UND, WENN ER AUCH DAS SCHWERT IN DER SCHEIDE LÄSST, SO BEGEHT ER DOCH GEIS-TIGEN TOTSCHLAG AN DER VERNUNFT.

AN WILHELM GABRIEL WEGENER, 15. JUNI 1790

Die für die Menschheit **NÜTZLICHSTEN ENTDECKUNGEN** haben anfangs langsame, dem Zufall überlassene Fortschritte gemacht. Die Wirkung oder der Einfluss einer Entdeckung auf das öffentliche Wohl ist es, was von größtem Interesse ist. Die entfernteste Nachkommenschaft wird sich an jene erinnern, die, **VON EINEM PATRIOTISCHEN EIFER GETRAGEN**, ihre eigenen Interessen dem Wohl ihrer Mitbürger opferten.

AN SEBASTIÁN JOSÉ LÓPEZ RUIZ, 4. FEBRUAR 1802

•

Man mag nun **DIE NATUR DEM BEREICH DES GEISTIGEN ENTGEGENSETZEN**, als wäre das Geistige nicht auch im Naturganzen enthalten, oder man mag die Natur der Kunst entgegenstellen, letztere in einem höheren Sinn als den Inbegriff aller geistigen Produktionskraft der Menschheit betrachtet, so müssen diese Gegensätze doch nicht auf eine solche **TRENNUNG DES PHYSISCHEN UND INTELLEKTUELLEN** führen, dass die Physik der Welt zu einer bloßen Anhäufung empirisch gesammelter Einzelheiten herabsinke. Wissenschaft fängt erst an, wo der Geist sich des Stoffes bemächtigt, wo versucht wird, die Masse der Erfahrungen einer Vernunfterkenntnis zu unterwerfen. KOSMOS, BAND 2

•

Was mir den Hauptantrieb gewährte, war das Bestreben, die Erscheinungen der körperlichen Dinge in ihrem **ALLGEMEINEN ZUSAMMENHANG**, die Natur als ein **DURCH INNERE KRÄFTE BEWEGTES UND BELEBTES GANZES** aufzufassen. KOSMOS, BAND 1

•

Zahlen sind die **GEHEIMNISVOLLEN MÄCHTE** des Weltalls.

AN GABRIELE VON BÜLOW, 1. JUNI 1847

•

Im wundervollen Gewebe des Organismus, **IM EWIGEN TREIBEN UND WIRKEN DER LEBENDIGEN KRÄFTE** führt jedes **TIEFERE FORSCHEN** an den Eingang neuer Labyrinthe. KOSMOS, BAND 1

•

ZERSTÖRT MAN DIE WÄLDER, wie es die europäischen Ansiedler aller Orten in Amerika mit unvorsichtiger Hast tun, **DANN VERSIEGEN DIE QUELLEN** oder nehmen doch stark ab. Die Flussbetten liegen einen Teil des Jahres trocken und werden zu reißenden Strömen, sooft im Gebirge starker Regen fällt. Da mit dem Holzwuchs auch **RASEN UND MOOS AUF DEN BERGKUPPEN VERSCHWINDEN**, wird das Regenwasser in seinem Lauf nicht mehr aufgehalten; statt langsam durch das allmähliche Einsickern die Bäche zu speisen, zerfurcht es in der Jahreszeit der **STARKEN REGENNIEDERSCHLÄGE** die Berghänge, schwemmt das losgerissene Erdreich fort und verursacht plötzliche Hochwässer, welche **DIE FELDER VERWÜSTEN**. Daraus geht hervor, dass die Zerstörung der Wälder, der Mangel an fortwährend fließenden Quellen und die Existenz von Torrenten drei Erscheinungen sind, die in **URSÄCHLICHEM ZUSAMMENHANG** stehen. REISE IN DIE ÄQUINOKTIAL-GEGENDEN DES NEUEN KONTINENTS

•

Je mehr die **MENSCHENZAHL** und mit ihr der **PREIS DER LEBENSMITTEL** steigen, je mehr die Völker die Last zerrütteter Finanzen fühlen müssen, desto mehr sollte man darauf sinnen, neue Nahrungsquellen gegen den von allen Seiten einreißenden Mangel zu eröffnen. Wie viele, **UNÜBERSEHBAR VIELE KRÄFTE LIEGEN IN DER NATUR UNGENUTZT**, deren Entwicklung Tausenden von Menschen Nahrung oder Beschäftigung geben könnte. AN WILHELM GABRIEL WEGENER, 25. FEBRUAR 1789

•

Die Umhüllungen des Planeten, Luft und Meer, **BILDEN EIN NATURGANZES,** welches der Erdoberfläche die Verschiedenheit der Klimate gibt. [...] Das Wort **KLIMA** bezeichnet zuerst eine spezifische Beschaffenheit des Luftkreises; aber diese Beschaffenheit ist abhängig von dem perpetuierlichen **ZUSAMMENWIRKEN** einer all- und tiefbewegten, durch Strömungen von ganz entgegengesetzter Temperatur durchfurchten **MEERESFLÄCHE** mit der wärmestrahlenden **TROCKENEN ERDE:** die mannigfaltig gegliedert, erhöht, gefärbt, nackt oder mit Wald und Kräutern bedeckt **ist.** KOƧMOƧ, BAND 1

•

Über den Humboldt-Strom: Die Strömung war schon 300 Jahre vor mir **ALLEN FISCHERJUNGEN VON CHILI BIS PAYTA BEKANNT;** ich habe bloß das Verdienst, die Temperatur des strömenden Wassers zuerst gemessen zu haben. AN HEINRICH KARL WILHELM BERGHAUS, 21. FEBRUAR 1840

•

Analoge Erscheinungen erläutern sich gegenseitig in dem ewigen Haushalte der Natur; und **WO NACH VERALLGEMEINERUNG DER BEGRIFFE GESTREBT WIRD,** darf die ewige Verkettung des als verwandt Erkannten nicht unbeachtet bleiben. KOSMOS, BAND 1

•

Das **AUFFINDEN EINES IRRTUMES** ist immer ein großer Gewinn, wenngleich keine Freude für die, welche den **IRRTUM VERBREITET** haben. AN KARL THEODOR ANGER, 16. JULI 1851

»MEINE HOFFNUNGEN SIND SCHWACH«
DEUTSCHE UND EUROPÄISCHE ZUSTÄNDE

Diejenigen Völker, welche an der allgemeinen industriellen Tätigkeit, in Anwendung der Mechanik und technischen Chemie, in sorgfältiger Auswahl und Bearbeitung natürlicher Stoffe zurückstehen, **BEI DENEN DIE ACHTUNG EINER SOLCHEN TÄTIGKEIT NICHT ALLE KLASSEN DURCHDRINGT**, werden unausbleiblich von ihrem Wohlstand herabsinken. Sie werden es um so mehr, wenn benachbarte Staaten, **IN DENEN WISSENSCHAFT UND INDUSTRIELLE KÜNSTE IN REGEM WECHSELVERKEHR MITEINANDER STEHEN**, wie in erneuerter Jugendkraft vorwärts schreiten. KOSMOS, BAND 1

•

Der Zustand […] von Europa war, als ich es verließ […], fürchterlich. Ein fühlender Mensch wusste nicht, ob er die **MEHR VERACHTEN SOLLTE**, die dem menschl[ichen] Geiste Fesseln anlegen, oder den Haufen derer, welche im Besitz der Freiheit sie **MIT GLEICHGÜLTIGKEIT** von sich stoßen.

AN LUDWIG BOLLMANN, 15. OKTOBER 1799

•

SO **ZERSTÖRT** DER EUROPÄER GERN, WO ER SELBST NICHT GENIEẞT, DAMIT ANDERE SICH DER **NATUR-GABEN** NICHT ER-FREUEN.

REISETAGEBÜCHER

Glücklicherweise ist man **IN DER GROßEN FRANZÖ-SISCHEN WELT** ganz von der kleinlichen Moquerie und Tadelsucht frei, die in Berlin und Potsdam herrscht, wo man monatelang gedankenleer **AN EINEM SELBSTGESCHAF-FENEN ZERRBILDE** matter Einbildungskraft nagt. <small>AN</small>

<small>KARL AUGUST VARNHAGEN VON ENSE, 17. MAI 1837</small>

•

So wie vielleicht für die **GESCHICHTE DES EUROPÄI-SCHEN MENSCHENGESCHLECHTS** keine Zeit wich-tiger als die jetzige ist, so wird mir auch diese kurze Epoche meines Lebens immer die lehrreichste und unvergesslichste sein. – Der Anblick der Pariser, ihrer Nationalversammlung, ihres noch unvollendeten Freiheitstempels (zu dem ich selbst Sand gekarrt habe) schwebt mir **WIE EIN TRAUMGESICHT VOR DER SEELE.** <small>AN FRIEDRICH HEINRICH JACOBI, 3. JANUAR 1791</small>

•

Meine Hoffnungen sind schwach. Seit vierzig Jahren seh ich in Paris die Gewalthaber wechseln, immer fallen sie durch eigene Untüchtigkeit, **IMMER TRETEN NEUE VERSPRE-CHUNGEN AN DIE STELLE,** aber sie erfüllen sich nicht, und derselbe Gang des Verderbens beginnt aufs neue. [...] Keine Regierung **HAT BIS JETZT DEM VOLKE WORT GEHALTEN,** keine ihre Selbstsucht dem Gemeinwohl unterge-ordnet. Solange das nicht geschieht, wird keine Macht in Frank-reich dauernd bestehen. **DIE NATION IST NOCH IMMER BETROGEN WORDEN,** und sie wird wieder betrogen. Dann wird sie auch wieder den Lug und Trug strafen, denn dazu ist sie reif und stark genug. <small>AN KARL AUGUST VARNHAGEN VON ENSE</small>

•

Die Völker haben **DAS RECHT,** gut regiert zu werden. <small>AN</small>
<small>KÖNIG MAXIMILIAN II. VON BAYERN, 3. NOVEMBER 1848</small>

•

Nichts ist **UNERTRÄGLICHER** als die klugen Fürsten, die anderen Menschen **VORDENKEN** wollen. AN WILHELM GABRIEL WEGENER, 15. JUNI 1790

•

Es ist wunderbar, wie wenig Fremde sich hier aufhalten. Dresden, Weimar, selbst Jena sind ungleich viel besser besuchter als Berlin. [...] Ich weiß nicht, woran es liegen mag. **ES SIND DOCH SO VIELE WISSENSCHAFT-LICHE UND KUNSTGEGENSTÄNDE IN UNSERER HAUPTSTADT.** [...] Allein auch an den Hof kommen sehr wenig Fremde, obwohl unsere Haushaltung in Hinsicht auf Fremdenbesuch außerordentlich liberal eingerichtet ist. Der König unterhält ja fast ein Wirtshaus [...]. Und trotzdem vermeiden es die Fremden hierher zu kommen. GESPRÄCHE ALE-XANDER VON HUMBOLDTS

•

Die Abschaffung des Feudalsystems, das **GEHEILIGTE RECHT DER GLEICHHEIT** wird die Menschen glücklicher und besser machen. AN LUDWIG BOLLMANN, 15. OKTOBER 1799

•

In Deutschland sind **ALLE STRATEGISCHEN OPERA-TIONEN UNBERECHENBAR.** In der größten Nähe votieren die Freunde laut gegen uns. Solche **ZERSPALTUNG** nennt man Unabhängigkeit der Meinung, da wo keine Meinung, sondern bloß Leidenschaft, Vorurteil, alter Vorsatz, Hinderungsprinzip wirken. AN FRIEDRICH WILHELM BESSEL, 16. AUGUST 1844

•

Der König [Friedrich Wilhelm IV.] ist ganz zufrieden, dass er in den kirchlichen Sachen ungehindert mantschen kann, **DIE GELTEN ALS VOM STAATE GETRENNT,** da hat kein Minister einzureden. GESPRÄCHE ALEXANDER VON HUMBOLDTS

•

SO SIND **DIE DEUT-SCHEN BUCHHÄNDLER!** WILL MAN IHNEN WAS GUTES UND SCHÖNES, WOMIT SIE EHRE EIN-LEGEN KÖNNEN, ZU-WENDEN, SO KOMMEN GLEICH DIE **BEDENKEN** WEGEN DER HERSTEL-LUNGSKOSTEN, WEGEN DES GELDBEUTELS!

GESPRÄCHE ALEXANDER VON HUMBOLDTS

»MEINE HOFFNUNGEN SIND SCHWACH«

Die Jugend liebt allerdings Unterricht, aber gewährt, im moralischen Sinne, wenig Aussicht. **GEMÜTLOSIGKEIT, KEIN HINGEBEN**, nicht einmal jugendliche Unvorsicht, pedantischer Ernst, Hang zur Kritik, ohne selbst etwas hervorzubringen; **BERLINISMUS** als centre de l'Empire du milieu und unter den jungen Militärs und jungen Eisläufern aller Stände viel Theologen und neue, breit heranwachsende Ultras! AN FRIEDRICH WILHELM BESSEL, 20. DEZEMBER 1828

•

Vergebens, kein Versuch gelingt zu einer Zeit, wo man, wie Lessing sagte, »jedes Nordlicht für eine Feuerbrunst hält« und wo **DIE REGIERUNGEN** sich durch »Stärkungen« und Sicherheitsmaßregeln schwächen, **WO DER FRIEDE DAS KIND GEGENSEITIGER FURCHT IST** und man die Jugend (das künftige Menschengeschlecht) als eine revolutionäre Einrichtung abschaffen möchte. AN CAROLINE VON WOLZOGEN, 29. MÄRZ 1834

•

EIN BERLINER muss nicht raten, sondern wissen und wissen, warum er es weiß, und es a priori und posteriori demonstrieren, wie es der **BEGRIFF EINES DOGMA** mit sich bringt. AN FRIEDRICH HEINRICH JACOBI, 6. APRIL 1791

•

KULTIVIERTE MENSCHEN gibt es freilich viele unter den hiesigen Kaufleuten, aber eben diese Kultur überzieht die Menschen so mit einer Tünche, macht sie **SO GLEICHFÖRMIG UND LANGWEILIG,** dass man sich oft in den Zustand der Roheit zurückwünschte, wo das jetzt so herrschende Übel von moralischer Engbrüstigkeit wenigstens nicht verbreitet ist. AN FRIEDRICH HEINRICH JACOBI, 3. JANUAR 1791

•

Die spanischen Eroberer unterhielten nicht nur die Kanäle nicht, sondern zerstörten sie ebenso wie die Kunststraßen des Inka. Das wäre das Los Chinas, **WENN SICH DIE EUROPÄER SEINER BEMÄCHTIGTEN**. Sie benehmen sich außerhalb ihrer eigenen Länder barbarisch wie die Türken – und schlimmer, weil sie noch fanatischer sind. REISETAGEBÜCHER

•

Wann werden die **EUROPÄISCHEN NATIONEN, DIE SICH KULTIVIERT NENNEN**, bei ihren Friedensschlüssen über einen Gegenstand moralischer Natur, **ÜBER GEMEINSAME INTERESSEN** der leidenden Menschheit verhandeln; sie sind zu sehr mit ihren Eroberungen beschäftigt, mit ihren religiösen Hirngespinsten. REISETAGEBÜCHER

•

Die **VORSORGE DER REGIERUNG** für unsere Reise [in Russland] ist nicht auszusprechen, ein ewiges Begrüßen, Vorreiten und Vorfahren von Polizeileuten, Administratoren, Kosakenwachen aufgestellt! Leider aber auch fast **KEIN AUGENBLICK DES ALLEINSEINS**, kein Schritt, ohne dass man ganz wie ein Kranker unter der Achsel geführt wird! AN WILHELM VON HUMBOLDT, 9. JUNI 1829

•

Bei Mitau (Lettland). Wenn Schinkel dort **EINIGE BACKSTEINE ZUSAMMENKLEBEN** ließe, wenn ein Montagsclub, ein Zirkel von kunstliebenden Judendemoiselles und eine Akademie auf jenen mit Gesträuche bewachsenen Sandsteppen eingerichtet würde, so fehlte nichts, um ein neues Berlin zu bilden, **JA, ICH WÜRDE DIE NEUE SCHÖPFUNG VORZIEHEN**, denn die Sonne habe ich herrlich auf der Nehrung sich in das Meer tauchen sehen. AN WILHELM VON HUMBOLDT, 17. APRIL 1829

•

DAS **CHAMÄLEON** HAT DIE BEMERKENSWERTE FÄHIGKEIT, MIT EINEM AUGE **GEN HIMMEL** ZU SEHEN, WÄHREND DAS ANDERE **ZUR ERDE** NIEDERSIEHT. ES GIBT VIELE **KIRCHENDIENER**, DIE DASSELBE KÖNNEN.

ZU E.J. YOUNG, WEIHNACHTEN 1854

Man kann nicht mit mehr Auszeichnung und mit einer edleren Hospitalität behandelt werden. Fast jeden Tag habe ich mit der **KAISERLICHEN FAMILIE** [Zar Nikolaus I.] im engsten Zirkel gegessen, alle Abend bei der Kaiserin in der liebenswürdigsten Freiheit. Der Thronfolger hat mir ein eigenes Diner geben müssen, »damit er sich einst dessen erinnere«. AN WILHELM VON HUMBOLDT, 10. MAI 1829

•

Der König [Friedrich Wilhelm IV.] ist **MIT NICHTS ALS MIT SEINEN PHANTASIEN** beschäftigt, und diese gehen meist auf Geistiges, Kirchliches hinaus, Gottesdienst, Kirchenbau, Missionen, usw. **DAS IRDISCHE BEKÜMMERT IHN WENIG**; ob Louis Philippes Tod eine Krise herbeiführen wird, was bei Metternichs Ableben eintreten kann, wie sich Russland gegen uns verhält, das alles lässt ihn gleichgültig, er denkt kaum daran. Wer einmal **SEIN GÜNSTLING** ist und ihn nach Neigung beschäftigt, der hat gewonnen Spiel. GESPRÄCHE ALEXANDER VON HUMBOLDTS

•

Über antijüdische Gesetze. So halte ich die beabsichtigten Neuerungen nach meiner innigsten Überzeugung für höchst aufregend, mit allen **GRUNDSÄTZEN DER STAATS-KLUGHEIT** streitend, zu den bösartigsten Interpretationen der Motive veranlassend, Rechte raubend, die durch ein menschlicheres Gesetz des Vaters [Friedrich Wilhelm III.] bereits erworben sind und der Milde unseres jetzigen Monarchen entgegen. Es ist eine gefahrvolle Anmaßung der schwachen Menschheit, **DIE ALTEN GESETZE GOTTES AUS-LEGEN ZU WOLLEN**. Die Geschichte finsterer Jahrhunderte lehrt, zu welchen Abwegen solche Deutungen den Mut geben. AN GRAF HEINRICH ZU STOLBERG-WERNIGERODE

•

Ich bin ein **FREUND DES KÖNIGS**, aber um seine Politik kümmere ich mich nicht. GESPRÄCHE ALEXANDER VON HUMBOLDTS

•

Ein Gefühl, und ein wehmütiges, drängt sich auf, dass ein so hochbegabter Fürst, **VON DEN WOHLWOLLENDSTEN ABSICHTEN GELEITET**, eine Frischheit des Gemüts bewahrend, die ihn rastlos antreibt, in der Richtung der Staatsbewegung, gegen seinen besten Willen, getäuscht wird. Als Barry auf dem Eise mit vielen Samojeden-Hunden nach dem Pole wollte, wurden Schlitten und Hunde immer vorwärts getrieben. Wie aber die Sonne durch den Nebel brach und die Polhöhe bestimmt werden konnte, fand man, dass, ohne es zu wissen, man um mehrere Grade rückwärts gekommen war. Eine bewegliche, gegen Süden durch die Meeresströmung fortgerissene Eisbank war der Boden, auf dem man vorwärts eilte. **DIE MINISTER SIND DER BEWEGLICHE, EISIGE BODEN.** Ist die Strömung die dogmatisierende Missions-Philosophie? AN KARL AUGUST VARNHAGEN VON ENSE, 6. SEPTEMBER 1844

•

Unsere Universität ist unstreitig **EINE DER ERSTEN IN EUROPA**. Sie ist reich an ausgezeichneten Lehrern, nur schade, dass bei den deutschen Universitäten, und so auch bei der unsrigen, das Diktieren noch nicht abgekommen ist; **DIES TÖTET JEDE REDEKUNST.** Ich weiß nicht, weshalb man nicht die Methode der Franzosen annimmt, die [...] sich nie darum kümmern, ob ihre Zuhörer ihre Worte nachschreiben oder nicht. Warum sieht man die Studenten immer noch wie Schüler an? GESPRÄCHE ALEXANDER VON HUMBOLDTS

•

Über die Berliner Akademie der Künste. **EIN WESPENNEST GESCHLECHTSLOSER INSEKTEN ...** AN CHRISTIAN CARL JOSIAS VON BUNSEN, 19. OKTOBER 1840

•

DIE **VERNUNFT UNSERER WESTLICHEN NACH-BARN** WIRD DIESES JAHRHUNDERT ÜBER-LEBEN, ABER DEUTSCH-LAND WIRD NOCH LANGE ANSTAUNEN, PRÜFEN, VORBEREITEN – UND **DEN ENTSCHEIDEN-DEN AUGENBLICK** VER-SÄUMEN.

AN SAMUEL THOMAS VON SOEMMERRING, 28. JANUAR 1791

Über das Einreiseverbot für Heinrich Heine: Ihr Wunsch beschränkte sich **AUF DIE ERLAUBNIS, OHNE GEFAHR FÜR IHRE PERSÖNLICHE SICHERHEIT**, Berlin, von Hamburg aus, dieses Frühjahr auf einige Tage besuchen zu können, zu Ihrer Erholung, um hiesige Freunde einmal wieder zu sehen und Berliner Ärzte zu konsultieren. Da mir nicht unbekannt sein konnte, dass in dem, was Sie als »die alte Registratur« bezeichnen, **VIELE SEHR BITTERE ANKLAGEN GEGEN SIE VORLIEGEN**, so habe ich gehofft, Ihren Wünschen am besten zu entsprechen, wenn ich auf das zweite Motiv Ihrer Reise den größten Wert lege. Ich habe mit Wärme gehandelt und habe mir keine Art des Vorwurfs zu machen – **ABER ES IST MIR GAR NICHTS GEGLÜCKT**. Die Verweigerung ist sogar so bestimmt gewesen, dass ich, Ihrer persönlichen Ruhe wegen, Sie ja bitten muss, den Preußischen Boden nicht zu berühren. Ich glaube, gegen Sie die Pflicht erfüllen zu müssen, Ihnen ganz mit der Offenheit zu schreiben, die Schriftsteller sich gegenüber schuldig sind.

AN HEINRICH HEINE, JANUAR 1846

•

Traurig ist es, dass Blätter, welche, wie diese Illustrierte Zeitung, auf den großen Haufen berechnet sind, sich in den Händen von Ignoranten befinden. **LITERARISCHE FABRIKARBEIT** ist es mehrenteils, die diese Blätter bringen, wobei der Unterricht des Volks, die echte Aufklärung nicht gedeien kann. [...] ich spreche im Allgemeinen von dieser periodischen Illustrationsliteratur, die sich als Nachbildung der französischen und englischen bei uns eingenistet hat, **NICHT ALS BELEHRUNGSMEDIUM DER LESER, SONDERN ALS GELDSPEKULATION DER UNTERNEHMER**. Was bezweckt diese Zeitung? Augenblickliche Befriedigung der Neugier, nicht der Wissbegier, von tieferem Wissen kann selbstverständlich nicht die Rede sein. GESPRÄCHE ALEXANDER VON HUMBOLDTS

•

Die rein **MONARCHISCHE REGIERUNG** hat ihrer Natur nach das Eigentümliche, dass in ihr die Persönlichkeit des Herrschers der Individualität gleichsam der Persönlichkeit des Volkes begegnet. Die Meinung, oder wie man edler sagt, die Liebe des Volkes hängt aber von dem Vertrauen ab in **DIE GEISTIGE BEGABTHEIT DES HERRSCHERS**, in seinen hohen Sinn. Es gibt Wendepunkte der Meinung. GESPRÄCHE ALEXANDER VON HUMBOLDTS

•

Es gibt ein Aufbrausen unter uns Deutschen wie jenseits des Rheins. Der Unterschied ist nur der, **DER FRANZÖSISCHE ENTHUSIASMUS ERSCHÜTTERT DEN DESPOTISMUS**, der deutsche [...] lässt sich von einer gelehrten Partei, die sich auf altdeutsche Sitte, Schreien und Schimpfen versteht, **FEIN BEI DER NASE HERUMFÜHREN**. Das Aufbrausen dauert aber nicht lange, die Vernunft kehrt zurück und man schämt sich, doch ja! ohne zu bekennen, man habe unrecht gehabt. Mit den Confessions halten es gar wenige Menschen. AN JOACHIM HEINRICH CAMPE, 21. FEBRUAR 1790

•

Stein steht im Rufe einer ausgemachten Freisinnigkeit: **ER HAT DIE ZÜNFTE ABGESCHAFFT, DIE LEIBEIGEN-SCHAFT AUFGEHOBEN.** Aber als Nassauischer Baron, dem Herzog von Nassau gegenüber, machte er sehr hartnä-ckig **ALLE FEUDALEN RECHTE GELTEND** und zuletzt, am Ende seiner Laufbahn, ist er mit dem Gedanken gestorben, dass er doch wohl den lieben Gott wegen Aufhebung der Zünfte um Verzeihung bitten müsse. GESPRÄCHE ALEXANDER VON HUMBOLDTS

•

Die deutschen Kleinstaaten beweisen zu Genüge, dass man **DEN LAUNEN EINES SOUVERÄNS** um so mehr unter-worfen ist, je näher man ihm ist. REISETAGEBÜCHER

•

ICH LIEBE DIE MEN-SCHEN, DENEN ES SO ETWAS HEISS UMS HERZ IST. SO OFT SIE AUCH IRREN, SO SIND SIE DOCH ALLEIN ZU ETWAS GUTEM UND EDLEM FÄHIG. **LEIDER, DASS ES DIESER MENSCHEN IN UNSEREM DEUTSCHLAND SO WENIGE GIBT.** SIEHE ENGLAND UND FRANKREICH! ALLES, OFT DER

KLEINSTE UMSTAND SETZT DIE GEMÜTER IN ERHITZUNG. FREILICH GIBT ES DA OFT BLUTIGE KÖPFE. SCHADET NICHTS! SOLCHE MENSCHEN SIND MIR DOCH LIEBER ALS DIE FROSTIGE **UNEMPFINDLICHKEIT UND STUMPFHEIT** DES GRÖSSTEN TEILS UNSERER MITBÜRGER.

AN WILHELM GABRIEL WEGENER, 24. FEBRUAR 1789

Sie wissen doch schon, dass der König von Hannover mich am liebsten hängte. Noch trostloser ist es aber, dass man von seinem Nachfolger [Georg V.] keine Besserung erwarten kann. Der eine ist brutal-ungläubig, der andere fanatisch-religiös, und während **JENER LAND UND LEUTE AUS BLOß PERSÖNLICHEM EIGENWILLEN QUÄLT**, so glaubt dieser, dem lieben Gott damit einen Gefallen zu tun. GESPRÄCHE ALEXANDER VON HUMBOLDTS

•

Hegels geschichtliche Studien werden mich besonders interessieren, weil ich bisher ein wildes Vorurteil gegen die Ansicht hege, **DASS DIE VÖLKER, EIN JEDES, ETWAS REPRÄSENTIEREN MÜSSEN**; dass alles geschehen sei »damit erfüllet werde«, was der Philosoph verheißt. AN KARL AUGUST VARNHAGEN VON ENSE, 30. MAI 1837

•

Was seine Schriften [Heinrich Heine] angeht, so leiden sie, bei aller Brillanz des Stils, an einer seltsamen **GEBROCHENHEIT DER BEHANDLUNG**. Von Moralität kann nun von vornherein nicht bei ihm die Rede sein; allein man ist auch niemals sicher über das letzte Stadium seiner Meinungen.

GESPRÄCHE ALEXANDER VON HUMBOLDTS

•

Der konstitutionelle Roi des Landes [Hannover] hat gestern, vor vierzig Menschen, wieder an seinem Tische gesagt: die Göttinger Professoren hätten in einer Adresse ihm von ihrem Patriotismus gesprochen, »Professoren haben gar kein Vaterland; Professoren, Huren […] und Tänzerinnen kann man überall für Geld haben, sie gehen dahin, wo man ihnen einige Groschen mehr bietet.« **WELCHE SCHANDE, DAS EINEN DEUTSCHEN FÜRSTEN ZU NENNEN!** AN KARL AUGUST VARNHAGEN VON ENSE, 6. APRIL 1842

•

Der **GROßE FEHLER** in der deutschen Geschichte ist, dass die **BEWEGUNG DES BAUERNKRIEGES** nicht durchgedrungen ist. GESPRÄCHE ALEXANDER VON HUMBOLDTS

•

Die Usurpation Louis Napoléons erinnert mehr an die **CHRONIK DER TYRANNEN** des alten Griechenlands und des mittelalterlichen Italiens als an die Generale des Bas Empire. Bei den letzten war es meist Kriegsruhm und rohe Gewalt allein, die sie auf den Thron hob; hier dagegen macht sich neben der Gewalt ein überwiegendes Element gewissenloser Hinterlist geltend. Ein ganzes **SYSTEM TÄUSCHENDER IDEEN** wird wie ein fertiges Glaubensbekenntnis propagiert und glänzende Programme von Versprechungen und Reformen sollen das Volk über den Verlust seiner Freiheit täuschen. GESPRÄCHE ALEXANDER VON HUMBOLDTS

•

[Österreich] wird, wie seither, **AN DER SPITZE DER DUNKLEN PARTEI STEHEN**, die immer neben der freien in der Geschichte tätig ist. GESPRÄCHE ALEXANDER VON HUMBOLDTS

•

In unserem deutschen Vaterland hat sich das **NATURGEFÜHL** wie in der italienischen und spanischen Literatur nur zu lange in der **KUNSTFORM DES IDYLLS,** des Schäferromans und des Lehrgedichts offenbart. KOSMOS, BAND 2

•

Was wundern Sie sich? Wenn ich nicht diesen Rock anhätte und in Sr. Majestät des Königs Hause lebte, so würde Herr von Hinckeldey [preußischer Generalpolizeidirektor] **AUCH MICH LÄNGST AUS BERLINS TOREN** gebracht haben.
GESPRÄCHE ALEXANDER VON HUMBOLDTS

•

MÄNNER VON TALENT

FINDEN HIER IN DER WELTSTADT [PARIS] BALD UND DAUERND ANERKENNUNG; IN **BERLINS NEBULÖSER ATMOSPHÄRE**, DIE DEN GESICHTSKREIS RINGSUM VERSCHLEIERT UND WO ALLES UND JEDES NACH DER SCHREIBERSCHABLONE GEMESSEN WIRD, KANN DAVON NICHT DIE REDE SEIN.

AN HEINRICH BERGHAUS, 1. JULI 1925

Dazu das arithmetische Geisterklopfen, die willkürlich hervorgerufene Begeistigung und Belebung von Fichtenholz und Stein, Tischen, die wie »Hunde dressiert werden und des Menschen Organe werden« und aller Unsinn der Volksphysik, befruchtet durch **DAS FRECHE HALBWISSEN UND DEN MYSTIZISMUS DER SOGENANNTEN HÖHEREN KLASSEN.**

AN CARL FRIEDRICH GAUß, 5. MAI 1853

•

SIBIRIEN ist die Fortsetzung der **HASENHEIDE** bei Berlin.

AN ERNST LUDWIG VON GERLACH, 22. APRIL 1846

•

Es ist die alte edle Sitte meiner Vaterstadt, den **BERLINER IN ABSTRACTO** über alle andern Städtebewohner Europas zu erheben, aber mit Tigerkrallen und Berliner Gassenkot auf jeden loszuziehen, der sich erfrecht, **EINEN KONKRETEN BERLINER, EIN INDIVIDUUM** (besonders wenn es einen semitischen Namen führt) öffentlich im Auslande zu rühmen.

AN JOHANN FRANZ ENCKE, 23. DEZEMBER 1831

•

Die **SENTIMENTALEN GRÄFINNEN** als Künstlerinnen sind eine Pest. AN CHRISTIAN DANIEL RAUCH, 17. OKTOBER 1844

•

Um über Menschen **ZU URTEILEN,** die man liebt, muss man **DIE LANDSCHAFT KENNEN,** den Grund, auf dem man sie in Gedanken anzusiedeln hat. AN WILHELM VON HUMBOLDT, 30. JULI 1819

•

WAHRHEIT ist man im Leben **NUR DENEN SCHULDIG,** die man tief achtet. AN KARL AUGUST VARNHAGEN VON ENSE, 7. DEZEMBER 1847

•

Die alten **AUTORITÄTEN** sind morschgebrochen und die neuen sollen sich erst bilden. [...] Umso wichtiger ist es für edlere deutsche Fürsten, die **INNEREN BANDE MIT DEM VOLKE** fester und vertrauensvoller zu schürzen. AN GEORG VON COTTA, 20. MÄRZ 1848

•

DIE IDEE DER MENSCHLICHKEIT [ist] das Bestreben, die Grenzen, welche Vorurteile und einseitige Ansichten aller Art feindselig zwischen die Menschen gestellt, aufzuheben und die gesamte Menschheit ohne Rücksicht auf Religion, Nation und Farbe, als **EINEN** großen, nahe verbrüderten Stamm, als ein zur Erreichung **EINES** Zweckes, **DER FREIEN ENT-WICKLUNG INNERLICHER KRAFT**, bestehendes Ganzes zu behandeln. KOSMOS, BAND 1

•

Die **FREIHEIT** ist süß, aber unbequem. AN JOHANN FRANZ ENCKE, 14. SEPTEMBER 1848

•

Sich wieder **INMITTEN DER ZIVILISATION** zu wissen, ist ein großer Genuss, aber er hält nicht lange an, wenn man für die Wunder der Natur im heißen Erdstrich **EIN LEBEN-DIGES GEFÜHL** hat. REISETAGEBÜCHER

•

Ich habe den Mut zu meinen **FREIHEITLICHEN ANSICHTEN** bewahrt! Das Leben an den Höfen wird mich nicht herabwür-digen können. Ebenso hat der Missbrauch, den man **MIT DEMOKRATISCHEN GESINNUNGEN** getrieben hat, mich nicht von meinen alten Prizipien ablenken können. Ich fühle lebhaftes Bedauern über die politische Lage in Ame-rika: Für ein Volk ist es leichter, die **UNABHÄNGIGKEIT** zu erlangen als die **FREIHEIT**. Auch in Europa gehen die Fort-schritte der Freiheit ziemlich schleppend voran. AN AIMÉ BON-PLAND, ANFANG DES JAHRES 1843

•

IN DEUTSCHLAND GE-HÖREN NETTO **ZWEI JAHRHUNDERTE** DAZU, UM EINE **DUMM-HEIT** ABZUSCHAFFEN; NÄMLICH EINS, UM SIE EINZUSEHEN, DAS ANDERE ABER, UM SIE ZU BESEITIGEN.

GESPRÄCHE ALEXANDER VON HUMBOLDTS

MEHR  TO GO

ISBN 978-3-355-...

BROSCHUR 7 €

E-BOOK 4,99 €

96 Seiten ...-01853-1
E-Book ...-50034-0

96 Seiten ...-01858-6
E-Book ...-50040-1

96 Seiten ...-01875-3
E-Book ...-50048-7

96 Seiten ...-01841-8
E-Book ...-50028-9

BRANDT TO GO

96 Seiten ...-01869-2
E-Book ...50046-3

BRECHT TO GO

112 Seiten ...-01854-8

CHE TO GO

96 Seiten ...-01861-6
E-Book ...50042-5

GOETHE TO GO

96 Seiten ...-01862-3
E-Book ...50041-8

HEINE TO GO

96 Seiten ...-01868-5
E-Book ...50045-6

LENIN TO GO

112 Seiten ...-01842-5
E-Book ...50029-6

LUXEMBURG TO GO

96 Seiten ...-01839-5
E-Book ...50026-5

MARX TO GO

96 Seiten ...-01838-8
E-Book ...50025-8

TUCHOLSKY TO GO

96 Seiten ...-01857-9
E-Book ...50039-5

LITERATUR: ALEXANDER VON HUMBOLDT: BRIEFE AUS AMERIKA 1799 BIS 1804, HG. VON ULRIKE MOHEIT, BERLIN 1993 | ALEXANDER VON HUMBOLDT: AUS MEINEM LEBEN: AUTOBIOGRAPHISCHE BEKENNTNISSE, HG. VON KURT-R. BIERMANN, LEIPZIG/JENA/BERLIN 1987 | BRIEFWECHSEL ZWISCHEN ALEXANDER VON HUMBOLDT UND EMIL DU BOIS-REYMOND, HG. VON INGO SCHWARZ U. KLAUS WENIG, BERLIN 1997 | BRIEFE VON ALEXANDER VON HUMBOLDT AN VARNHAGEN VON ENSE AUS DEN JAHREN 1827 BIS 1858, LEIPZIG 1860 | BRIEFE ALEXANDER VON HUMBOLDTS AN SEINEN BRUDER WILHELM, HG. VON DER FAMILIE VON HUMBOLDT IN OTT-MACHAU, STUTTGART 1880 | GESPRÄCHE ALEXANDER VON HUMBOLDTS, HG. VON HANNO BECK, BERLIN 1959 | DIE JUGENDBRIEFE ALEXANDER VON HUMBOLDTS 1787–1799, HG. VON ILSE JAHN U. FRITZ G. LANGE, BERLIN 1973 | ALEXANDER VON HUMBOLDT: KOSMOS: ENTWURF EINER PHYSISCHEN WELTBESCHREIBUNG, 2 BDE., HG. VON HANNO BECK, DARMSTADT 1993 | ALEXANDER VON HUMBOLDT: VERSUCH ÜBER DEN POLITISCHEN ZUSTAND DES KÖNIGREICHS NEU-SPANIEN, 5 BDE., TÜBINGEN 1809–1814 | ALEXANDER VON HUMBOLDT: DIE WIEDERENTDECKUNG DER NEUEN WELT, HG. VON PAUL KANUT SCHÄFER, BERLIN 1989 (REISETAGEBÜCHER)

VERLAG NEUES LEBEN –
EINE MARKE DER EULENSPIEGEL VERLAGSGRUPPE BUCHVERLAGE

ISBN 978-3-355-01876-0

1. AUFLAGE 2018
© EULENSPIEGEL VERLAGSGRUPPE BUCHVERLAGE GMBH, BERLIN

UMSCHLAG UND KONZEPT: BUCHGUT, BERLIN
DRUCK UND BINDUNG: BUCHDRUCKEREI.DE, BERLIN

WWW.EULENSPIEGEL.COM